U0874417

所谓智商高，就是悟性好

方烁/著

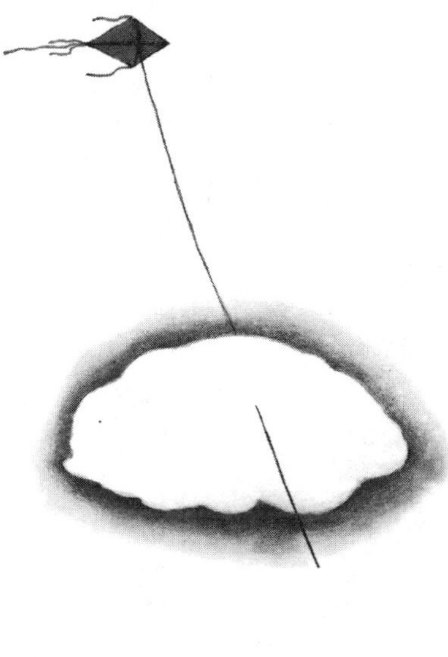

中国国际广播出版社

图书在版编目（CIP）数据

所谓智商高，就是悟性好/方烁著. -- 北京：
中国国际广播出版社, 2017.7
ISBN 978-7-5078-4032-2

Ⅰ. ①所… Ⅱ. ①方… Ⅲ. ①知性-通俗读物 Ⅳ. ①B017-49

中国版本图书馆CIP数据核字(2017)第142235号

所谓智商高，就是悟性好

著　者　方烁
责任编辑　郭广
版式设计　华阅时代
责任校对　徐秀英

出版发行　中国国际广播出版社［010-83139469 010-83139489（传真）］
社　址　北京市西城区天宁寺前街2号北院A座一层
邮编：100055
网　址　www.chirp.com.cn
经　销　新华书店
印　刷　香河县宏润印刷有限公司

开　本　710×1000　1/16
字　数　180千字
印　张　13.5
版　次　2017年9月 北京第一版
印　次　2017年9月 第一次印刷
定　价　39.80元

CRI 中国国际广播出版社　欢迎关注本社新浪官方微博　官方网站 www.chirp.cn
版权所有
盗版必究

前 言

智商高的人，容易成为超凡出众的人，所以，智商高永远是个优点，而且是个大优点，它是一个人走向非凡、超越群伦不可或缺的条件。尽管其他诸如德商或情商对于人生命运的影响也很重要，但如果没有良好的智商作为基础和前提，其他一切便都无从谈起。即便德商或情商指数再高，那也仅仅被当作一个好人看待而已，却绝不会被看作是真正的聪明人。而决定一个人智商指数之高下的，不是别的，而是看他有没有超越常人的悟性！

所以，要想实现超人的梦想，就必须首先具备超人的悟性。

人们在评价一个人是否聪明时，经常会提到“有没有悟性”。说某人“悟性好”或“悟性高”，就是对这个人聪明才智的最高赞誉和奖赏。那么究竟什么是悟性？在大多数人关于悟性的观念中，都认为悟性是聪明的极致表现，都知道“悟性”是个极好的东西，是一个人智商高的明证，是体现一个人反应快、脑子活的“直通车”。但心理学家至今并没有给悟性设定一个标准的定义，我们只能从自己的生活经验、学习经验和工作经验中领会悟性的基本内涵，并试图让自己的悟性触类旁通，发扬光大。

悟性是指人对事物理解、分析、感悟、觉悟的能力，是发轫于常规思维基础之上的高级智慧，是人性中比素质还高的特质。人人皆有悟性，犹如石中皆有火，顿然击之，火光乍现；功力及至，悟性始出。

提到悟性，常常是“众里寻他千百度，蓦然回首那人却在灯火阑珊处”——其实那人一直是在的，只不过你压根儿就没有悟到他的存在和他的可贵之处而已。有道是“踏破铁鞋无觅处，得来全不费功夫”——如果没有踏破铁鞋的功力，哪里会有悟性的神来之笔、飞来之思？正所谓“千淘万沥虽辛苦，吹尽黄沙始见金”——当你把所有的黄沙都淘尽之时，悟性的金光便会耀然而来了！

牛顿看见苹果落地而发现万有引力，其实苹果一直都是往地上落的，只不过别人没有悟到原因而已。阿基米德洗澡时发明了排水量的定律，物体排水的现象一直是存在的，只不过别人没有悟到两者间的关系而已。

灯火阑珊处的“他”是一个信息，牛顿的“苹果”落地是一个信息，物体放进水中就会排出一定水量也是一个信息，在理解和把握其中奥秘的一刹那产生的就是悟性。所以说，悟性是对信息理解和把握之后而产生的智力反应活动。

如何才能迎接悟性的到来呢？说难确实难，有时甚至让你千年等一回；说神秘也不一定那么不可琢磨，因为只要用心，总能逐步理解和把握信息并由此信息上升到更高理性空间的；说简单也简单，有时一个眼神就会让你豁然开朗，一片云影就会让你柳暗花明，一个提示就会让你峰回路转。

有的话是很简单的，但是悟懂、悟明却并非十分容易。佛经上说：“菩提本无树，何处染尘埃。”“舟动本无风，拈花自微笑。”人生是一个不算短的过程，但是人们对人生意义却未必能够悟穿、悟透。

在我们看来，如果一个人聪明，那他必然悟性好，尤其是在读书考学或创造发明方面，就更加需要悟性来引领前程了。甚至远不止于此，在通常人看来，悟性高低决定艺道深浅，悟性高低决定做官成败，悟性高低决定个人素质、办事能力、说话水平、处世技巧……悟性不是单靠哲学的理性思维即能实现的，也不是单靠浪漫的感性思维就能够启迪的，悟性的产生需要在理性和感性交汇的基础上，对信息进行不断加工之后而焕然翻新的结果。

无论是达官贵人，还是贩夫走卒，皆离不开悟性。没有悟性犹如盲人骑瞎马，寻不到去处，好似蠢汉推空磨，劳而无功。悟性，吾心也。认知自我，就是悟，悟者心之所生。万事万物，必须用心去认识。悟性是一种超常的直觉。悟性人人有，它不立文字，不依理解，只可意会无法言传。悟性是一种智慧的体现，聪明人一拨三转，糊涂人棒打不回，这就是有无悟性的区别。悟性是一种境界的体验，聪明人能顿悟，当下了然，直指心间，而普通人经过努力探索也是可以逐步开窍的，所谓“愚者千虑，必有一得”是也。

本书从悟性的内涵开始，阐述悟性的意义，挖掘悟性产生的思维机理，探求悟性在学习、工作及社会生活中的特殊作用，以期使每个人特别是年轻人在人生智慧层面上借助悟性的翅膀腾空而起，脱颖而出，从而成为智慧的佼佼者、学习的优胜者、事业的开创者、生活的成功者。

目 录

第一章 智慧之光在悟性中乍现

第二章　出类拔萃，靠悟性来实现

第三章　良好悟性从何处来

第四章　如何让悟性之光照亮你

第五章　测测自己的悟性有多高

第一章　智慧之光在悟性中乍现

当我们在困难和挑战面前倍感疑惑和迷惘时，常常有一种神秘的力量帮助我们绝处逢生、化险为夷，这个让我们峰回路转的力量不是别的，而是悟性！正是悟性，让我们眼前一亮，灵台顿开，让我们找到了方法，看到了希望，摆脱了困境！

一　揭开悟性的面纱

所谓悟性，是指人透过现象看本质的能力，亦即通过对事物现象内在机理和规律的揭示而产生的创造能力和创新能力，是人类最高级别的智慧表现。

所谓智商高就是悟性好

世界上成功的人一定是悟性高的人！学富五车，不如人生一悟！悟通天下！悟得天下！没有悟性通达，做不成大事！人生不是悟一时，悟一事，而是应悟一生，事事悟。对每个人来说，钱不是最重要的，悟性才是最重要的！人生中的每一次抉择是否正确，决定于你的悟性！

人们常常会说某某人对某事物有悟性、某某人在某事物上面悟性很高，等等。那么，到底什么是悟性呢？

先看一个简单的例子。

某国内研究所拿到一台国外产机器，机器结构非常复杂。研究人员想要研究它，然而拆开机器后所有工程师都傻眼了。原来，机器里面有将近一百根管子，盘根错节，这一端有那么多管子的入口，那一端有那么多管子的出口，但中间管子跟管子是怎么连接的，谁都不知道。

大家一看，觉得不能接着拆了。所有的工程师对这台机器绞尽脑汁，但就是不知道它的结构。

这时候，研究所一个看门的老人过来了，他只用了两样东西，就把这件事解决了。

哪两样？一个是他自己手里握着的大烟斗，另一个是他拿在手上随时在传达室小黑板上记事的粉笔。他过来后就吸足了一口烟，随便找一根管子，吐进烟去，然后看见那边有一根管子冒出烟来，他就在这头写了个“1”，在那头也写了个“1”。他又吸一大口烟，再朝一根管子吐进去，又一根管子冒出烟来，他在这头写上“2”，那头写上“2”。这样做下去，最后他就把这些管子的对应关系都弄清楚了。

老人解决了问题，凭的是什么？当然不是靠书本上的知识。其实，这是在经验基础上加上悟性才能够产生的一个实用的方法。什么是大智慧？这样的悟性就是。

从这个例子我们可以简单地看出，所谓悟性是指人在某个领域或者某个方向上对某些事物的特殊的认识能力。

我们在赞扬一个人对某事物悟性高的同时，一般来说还包含有认为其对于这一事物有着明显不同于一般人的看法、更深入的观点以及更加意想不到的角度等方面的意思。比如，一个人对于茶是否有悟性，就是说一个人对于茶并由茶到生活到人生的看法、观点以及角度是否更加有深度、更加有广度、更加与众不同。

悟性，还可以这样定义，所谓悟性，是指人透过现象看本质的能力，亦即通过对事物现象内在机理和规律的揭示而产生的创造能力和创新能力，是人类最高级别的智慧表现。

由“悟性”一词，很容易就联想到佛家特别是禅宗的思想，其实作为人类获得知识的途径之一种，“悟”始终是最神秘莫测，也是最引人入胜的。可以说，悟性是人类智慧的灵机乍然闪现的辉光，有如在遇到问题时自我思维在大脑胶片上的曝光。

一道学习上的难题、一道工作上的难关、一句领导隐讳的提示、一个令自己久久不能满意的创意，诸如此类，经常煎熬得我们坐卧不安，食不甘味。可突然间，在苦思冥想之后，你一下子就找到了打开这些“死结”的灵性，获得了满意的结果。其实，这就是你身上的悟性在你不知不觉中帮了你的大忙。

智慧中最灵动的因子

智慧是灵性流露的甘泉，是心花结成的果实，是心海上空的彩虹，是人生实践的结晶。悟性是打开智慧之门的钥匙，是敲开智慧之门的灵石，是遨游智慧海洋的舟船，悟性可以把握灵感的刹那闪现。

人们在称赞一个人观察事物、处理问题时能很快抓住要害，并能总结归纳出规律性的内在联系时，常常说这个人“悟性好”，也就是说，他对客观世界的领悟能力高于常人。阿基米德洗澡时发现了排水量定律，排水量本来就是客观存在，却只有阿基米德悟到放入容器中的物体的体积和排出水量的关系；牛顿从树上落地的苹果悟出了万有引力定律；托尔斯泰以洞悉人性的目光写下了《战争与和平》；曹雪芹看透世间万象著有《红楼梦》。我们不能不说所有这一切成果，都是“悟性”使然，是悟性打开了智慧之门。

可以说悟性好的人一定是聪明人，一定是智商高的人。悟性是一种思维之性，是一种觉解之性，是一种推窗见光的豁然开化之性。有悟性的人，遇到难题可以迎刃而解，遇到危机可以急中生智，遇到困境可以峰回路转。在通常情况下，一个人在社会上所接受的信息，有的是特别常见的，有的是经过特别“加密”的，从表面上看不出有什么新奇之处。唯有悟性高的人才可以通过特别“解码”的方式而获取其中的信息，其他人则无法了解个中深意。举个例子，就像孙悟空的师父在他头上敲了几下，只字未提，他就明白是什么意思，结果半夜溜过去拜师学艺；还有那个砸在牛顿头上的苹果，也比掉在别人头上具有更特殊的启发意义。所以，只有悟性高的人才能被视为真正聪明智慧的人。不限于学习，不限于科研，不限于发明创造，即便是在日常工作和生活的琐碎事务中，有悟性的人也会超越常人，而走在时代的前列，并不断创造出令人刮目相看的业绩。

豁然顿悟灵感现

人人都有智慧，但有的人其智慧好像经常处于休眠状态，没有被有效激活，没有让自己的智慧“显灵”，没有让自己的智慧充分发挥指导人生和点化生活的作用。其原因就在于缺乏悟性，缺乏灵感和灵气。

我们从灵感的涵义、特点、作用等方面就可以弄清悟性与灵感的关系。

灵感是人类思维活动中的一种特殊状态。灵感一词源于古希腊，原指神的灵气。当时又把处于灵感来临状态下的人称为神性的着魔者。英语中灵感（inspiration）的意思与希腊语基本相同，它被用来说明艺术家或诗人进行创作时，似是吸入了神的灵气，从而使作品具有超凡的魅力。大约在20世纪30年代，这个词被译入中国，起初根据其语音译为“烟士披里纯”，后来才译成灵感。中国古代文学理论著作中经常提到的“天机”“兴会”“神来”“顿悟”等，指的就是类似的现象。

当灵感出现时，人们对客观存在作能动反应的思维活动意外地升华到异常活跃、有效的境地，于是使得长期紧张探索的某种关键环节得到了豁然开朗的解决。灵感就是这样一种饱含着情感和想象、聪明和智慧、形象思维和逻辑思维水乳交融地突然产生，又转瞬即去的思维状态，它在人类创造性思维活动的一切领域都能出现。

灵感的特殊表现，首先是它的突发性，这不同于一般由感性认识的积累逐渐上升为知性和理性认识的思维过程，而呈现为一种突发的领悟。犹如一道闪电，它一下子照亮、打通了艺术家的思路。其次它有非自觉性的一方面，灵感什么时候来，怎样来，至今还不能凭人的主观愿望确切把握；另一方面，灵感到来时，精神主体常会产生一种身不由己、欲罢不能的感觉。还有就是它的短暂性，灵感迸发后持续时间因创作者主客观条件不同而有差异，但一般情况下持续时间不长，有一点像昙花一现的样子。

至于灵感在现实生活中的重大意义，更不待言。仅说其一点吧，我们已经迈入了知识经济时代，知识经济的一个显著特征就是知识的创新，知识如何创新，从什么方向创新，从什么角度创新，就成为人们越来越关注的话题。一句话，人们已把创新提高到了一个从未有过的高度。对创新的认识、把握与应用，不仅有学术的必要，而且更是现实与社会实践的需要。当人们研究创新及其系列行为活动时发现，创新中有灵感的参与，没有灵感的参与，就不可能完成创新。

音乐大师莫扎特在一封信中描述了他在乐曲创作时的思维过程。

“当我感觉良好并且很有兴致时，或者当我在美餐后驾车兜风或散步时，或者难以入眠的夜晚，思绪如潮水般涌进我的脑海。它们是在什么时候、又是怎样进来的呢？我不知道，而且与我无关。我把那些令我满意的思绪留在脑中，并轻轻地哼唱它们。一旦确定了主旋律，另一个就按照整个乐曲创作的需要连接到主旋律上，其他的配合旋律和每一种乐器以及所有的曲调片断也一一参与进来，最后就产生出完整的作品。”

灵感是人们长期进行创新思考后出现的一种飞跃，是在逻辑思维遇到困难时发生的一种思维模式。无数事实说明，逻辑思维要达到创新的目的，需要灵感的协助；而灵感的闪现，又要以逻辑思维作为前提。

著名的生物学家达尔文有一天阅读马尔萨斯的《人口论》，当他读到关于繁殖过剩而引起生存竞争的理论时，头脑中好像电光一闪，不由自主地得出了“在生存竞争的条件下，有利的变异可能被保存，而不利的变异则被淘汰”这一结论，并由此促成了生物进化论的形成。我国水稻专家袁隆平在研究提高水稻产量时，陷入了困境。忽然，孟德尔、摩尔根的遗传理论像一道闪电，触发了他的灵感，于是他改变了原来研究的方向，走上了研究杂交水稻之路，并由此取得了卓越的成绩。同样，数学家高斯也曾结合自己的思维实际，谈到过灵感的这一特征：“两天前，我在求证数学中一个难题时，忽然像闪电一样，谜一般地被解开了，我自己也说不清是什么导线把原先的知识和使我成功的东西联结起来的。”

美国的迪斯尼曾一度从事美术设计，但是后来他失业了。本来他和妻子住在一间老鼠日夜横行的公寓里，但失业后，因付不起房租，夫妇俩被迫搬出了公寓。这真是连遭不测，他们不知该去哪里。有一天，二人呆坐在公园的长椅上，正当他们一筹莫展时，突然从迪斯尼的行李包中钻出一只小老鼠。望着小老鼠机灵滑稽的面孔，夫妻俩感到非常有趣，心情一下子就变得愉快了，忘记了烦恼和苦闷。这时，迪斯尼头脑中突然闪过一个念头，对妻子惊喜地大声说道："好了！我想到好主意了！世界上有很多人像我们一样穷困潦倒，他们肯定都很苦闷。我要把小老鼠可爱的面孔画成漫画，让千千万万的人从小老鼠的形象中得到安慰和愉快。"风行世界数十年之久的"米老鼠"就这样诞生了。

灵感的出现常常是人们始料未及，难以预测的。它在任何时间、任何地点都可能出现，但在何时、何地出现，却是随机的。正如辛弃疾《元夕》一词中所描述的："众里寻他千百度，蓦然回首，那人却在灯火阑珊处。"灵感是随机的，并不意味着它神秘不可知。灵感的发生，自始至终都有意识的参与，偶然性中包含着必然性。

然而，我们却不能说悟性就是灵感，灵感从属于悟性，灵感是悟性的重要组成部分。一说道悟性我们就会想到诸如觉悟、醒悟、颖悟、体悟、感悟、解悟、顿悟，等等，灵感就是悟性中的顿悟部分，当下了然，直指人心。它在生活和工作的作用是不言而喻的，尤其是在学习和创造的工作中，它们就是眼前一亮的智慧之光，照亮了我们探索的征途，使我们更加顺利地抵达目的地。

总之，灵感就是悟性的重要组成部分，而且是悟性及其重要的因子——或者说灵感是悟性的结晶。

只可意会不可言传

美国人做肯德基、麦当劳，据说一个土豆条的做法就要写上厚厚的一本规程，不论是哪里的人，只要按规矩做，就可以做出同一味道的土豆条来。中国人做中国菜，凭感觉、凭悟性，没有一个人可以照一本中式菜谱的规矩就可以做出满汉全席来。必须是从师傅那偷学一点，自己悟一点，再加上多实践一点方能做出来。

悟性虽好，但不是人人都有。逻辑推理则不同，它有一定的章法，人人可以学习，就容易通过一定的方法来积累知识和智慧，从而可以将智慧传递下去。这种依靠方法而不仅仅靠个人智慧的思想，使得科学不再神圣，而成为大众文化。当然，合理的方法可以是由悟性极好的人来制定的，但有了这些看似生硬的方法，绝大多数的人通过学习，也可以在前人的基础上进行科学研究，从而使科学走向一个新的高度。所以，西方不是仅仅依靠了牛顿和爱因斯坦，这些伟人仅仅是给了科学这个巨人一个骨架，而血肉是由千千万万个人来充实的。

而悟性则不同，悟性在很大程度上是个极其私人化的东西。只能靠自己咂摸，不能够向他人学习。于是，随着一个人的死亡，这个人的悟性就不复存在。所以如果没有形成一套方法，悟性不能积累，不能传代。中国可以零星地出现一两个悟性极好的人来做些漂亮的事情，但这些方法不能积累成为一个人人都能学会的方法。新一代的人，只有从头开始领悟。所以中国可以出现一个张衡，制造一件地震仪，可以出现一个诸葛亮，造一些木牛流马，然而，他们却没有把他的思维方法传递下来，从而智慧得不到积累。到如今这些除了给说书人的故事增加一些神秘感之外，隐藏在后面的原理则成了天方夜谭。更有典型意义的是曹冲称象的原理，实际上就是西方的阿基米德定律。阿基米德则将他在洗澡时悟出的道理形成了一个原理，而被广泛应用。而在中国，曹冲称象仅仅被作为道德故事来传颂，而隐含在后面的定律却被忽略了。

这也许就是为什么在中国的古老历史长河中，常常会出现零星的科技成就却没有形成一套完整的科学体系的原因。

在中国，一些悟性好的人，即使整理出了一整套方法，也不会轻易告诉别人。就是师傅也不会轻易交给徒弟，而是让徒弟先干上三年扫地倒水的活。徒弟只有偷偷地咂摸和学习。师傅为了不让学生把自己的全活学去，还故意把自己的技艺蒙上一层神秘的色彩。比如武功套路，即使整理成了文字，也是艰深异常，尽量把秘诀藏在艰深难懂的诗句里面。只有悟性好的子弟，在无数的摸索中，才能突然悟出其中的道理。这叫“师傅领进门，修行在个人”。这无疑使得智慧的传递又慢了许多。

人不分贵贱，但悟性却有上下之分。无论中国人还是外国人，无论古人还是现代人，谁具有悟性，谁才能将自己置于时空中的最佳位置。现代社会，有一些人只相信权力和金钱的作用，仿佛天地间是个大赌场，非要赌个输赢。自然界的生存竞争，优胜劣汰，大鱼吃小鱼似乎也成为人类社会生存与发展的唯一法则。一些人最相信自己所看到的物质世界，声称眼见为实。实际上这恰恰是这些人的悲剧所在。因为人的眼睛所能看到的东西非常有限，它局限了人的思维，并最终将人置于无法解脱的境地。智者仁人则用心灵去感知世界，因为这种感知的力量是无限的。

我国曾放映过一部日本电视剧《阿信》，故事的主人公阿信从卖鱼起家，最后成为一个大企业家。她的成功靠“信义”二字。而她的儿子崇拜的是生存竞争，大鱼吃小鱼，最终导致濒临破产。在这关键时刻，阿信谢绝了老朋友们的帮助，宁愿眼看着其子彻底破产。她认为：如果儿子不悟，仍然抱着“人吃人”的观点侥幸过关，那么他早晚还是要失败的。晚败不如早败，早败如有悟性还有机会东山再起，晚败则没有时间了。这部电视剧在资本主义社会引起了较大的震动，其原因在于让人悟出了事物发展的规则，你吃他人，他人必吃你。悟如此重要，悟在哪里？悟在脚下，悟在不言中。悟不能赠与，不能继承，只能用心去体会，去探寻。

有这样一个哲学故事：上帝对一人讲："在你危难时，我可以救你三次。"事后这个人果然遇到了危难，他被困在洪水之中。突然，一条渡船经过，船上的人说："上来吧！"他说："上帝会管我的。"过了一段时间，漂来一段圆木，上面有人喊："上来吧！"他说："上帝会管我的。"又过了好长时间，一只大木盆远远漂来，他想去抓，转念想："上帝会管我的。"最后，他终于支撑不住落水淹死了。他的灵魂去找天帝，问："你为什么说话不算数？"上帝讲："我讲话是算数的，已救你三次，可惜你缺乏悟性，在劫难逃。"

"悟"是深不可测的，但又简单得不能再简单了。人要得到悟性，必须抛弃狂妄的自以为是。一旦进入空的境界，悟也就在其中了。

悟者本身不一定都接受过很好的教育。从理性上认为知识少的人似乎不会对所悟的问题有很深的见解，但结果却是他的眼界比别人更为高远。六祖慧能与师兄神秀关于"心如明镜"、"是否惹尘埃"的讨论就是一个明证。慧能受到的教育虽不及后者，得出的结论却更切合禅宗的精神。

灵光在千锤百炼中闪现

人可知许多事，但却不知所有事。但是，恰恰就有这样的人，能以有限的学识触类旁通，举一反三，融会一炉，即使没有某方面的具体知识，却依然可以提出有见地的看法。就好像孔子，他的门徒常会问他各种各样的问题，他都能给予解答。事实上不是他知道所有的答案，而是他明白万物之根本的“道”，所以能一一化解，正所谓“万变不离其宗”。

一些具有神秘性的宗教在知识传承上都强调“悟”的重要。虽然有时是故弄玄虚，但是我们也应该承认，确实有一部分的知识，是“只可意会，不可言传”的。英国哲学家罗素曾提出一个概念，叫“内涵性知识”，指的就是需要由“悟”得出的那部分知识。倘如将人类的知识比作一片森林，对于那些无法通过康庄大道进入的密林深处，也许就只有“悟”这条幽谷小径了。

悟，有渐悟与顿悟之说。比如一个气球在未鼓气之前，用针怎么扎也不会有爆破声；而往气球里鼓气，使气球比较饱满，那样针一扎气球就瘪了；如果鼓气到更大程度，达到气球胀满的极限时，用针轻轻一碰就爆破碎了，会很响。可以说鼓气的过程是渐修之法，用针使之爆破则为领悟。哪有不经过渐修而顿悟呢？如果斗大的字“不识”一个，睡一觉怎能悟透天地之机。如果已经掌握了很多有关某事物的知识，只差一层窗户纸不懂时，经人一指点，就会有豁然开朗的感觉，即刻“顿悟”了。

顿悟不是凭空产生的，需要刻苦修为。我们知道，气球鼓到一定程度时，不论是针刺还是碰到火花、树枝、石块时都会爆破，这爆破的机会就是灵性的体现。

我们现在常说的“渐悟”与“顿悟”与禅学上的意义有所不同，简单地说，渐悟就像爬坡，顿悟就像蹦台阶，渐悟好像擦玻璃，越擦越亮，顿悟好像捅破窗户纸，茅塞顿开。不管渐悟还是顿悟，都需要在费了一番苦心之后，慢慢地明白或者突然明白。

“悟”可以看做是一种境界，可以心向往之，却未必如愿以偿。纵然不能成为圣哲，用“心”生活的人却总是从中体悟更多。

当人们处在悟性显现这一特殊的思维活动中时，精神主体产生强烈的情感振荡，大脑涌现出鲜明生动的意象、精准确切的概念、顺畅如流的判断推理，于是使得长期紧张探索的某种关键环节得到了豁然开朗的解决。悟性就是这样一种饱和着情感和想象、聪明和智慧，形象思维和逻辑思维水乳交融地突然产生的思维状态。它在人类创造性思维活动的一切领域都能够出现。

19 世纪初，有一个问题严重地困扰着世界各国的化学家：已发现的各个化学元素之间是否存在着一定的内在联系？这一问题强烈地吸引着他们，使他们对之进行了艰苦的思考和探索研究。

俄国化学家门捷列夫自 1865 年担任彼得堡大学的化学工程学代理教授以后，便开始着手撰写一本新的无机化学教材。他充分、仔细地研究了各种化学元素及其化合物的性质，在一段时间里，对各种元素的次序该怎么排列，产生了浓厚的兴趣。

他找了几张厚纸，在上面打上格子，分别写上化学元素的名称、原子量、化合物和主要性质，并将他们剪成小卡片。他把这些卡片一会儿这样排列，一会儿那样排列，希望通过排列它们的顺序，能够体现出元素之间的某些内在联系。

如此紧张地工作了三天三夜，仍然毫无结果。由于过度疲劳，他迷迷糊糊地睡着了。在梦中，他竟见到了一张他日思夜想的元素表：每一横行都是按化学元素原子量的逐步增大而排列，同时又按它们的性质的相似性对应着排成几个纵列。

门捷列夫猛然醒来，立即记下了梦中出现的那张表。经过反复核算，他发现只有一处需要修改。门捷列夫兴奋地拿起铅笔在纸上写下了这样的标题：根据元素的原子及其化学近似性试排的元素表。

就这样，化学发展史上具有里程碑意义的元素周期表诞生了，虽然它只是我们今天见到的周期表的雏形。门捷列夫的这一伟大贡献，不仅在于他发现了元素周期表，而且还在于他在元素周期表中预言的元素，竟与后人的发现惊人的一致。

1857 年，法国化学家布瓦博德发现了元素“镓”。它的比重为 4.7，原子量为 59。门捷列夫根据周期表，断定镓的性质与铝相似，比重应为 5.9，原子量应为 68，而且估计镓是由钠还原而得。一个根本没有见过镓的人，竟然对它的第一个发现者测定的数据加以纠正，布瓦博德感到十分惊讶，实验的结果果然和门捷列夫的判断极为接近，比重为 5.94，原子量为 69.9。按门氏提供的方法，布瓦博德新提纯了镓，发现原来不准确的数据是由于镓中含有钠，大大减少了它本身的原子量和比重而致。

门捷列夫之所以能够纠正布瓦博德的错误，是因为元素和周期表对元素之间内在联系的规律性揭示，而元素周期表的完成，是因为“悟性”的闪现，睡梦中那道难题的破解，给门捷列夫以不可小觑的神秘启示。

悟性的四个特性：突发性、联系性、跃动性、非逻辑性

悟性是心灵的闪光，是心智的飞跃。人如果失去了悟性，就像天空失去了星星。

觉悟使我们摆脱了愚昧；醒悟使我们走出懵懂；颖悟使我们变得聪明；体悟使我们理解人生；感悟使我们学会深刻解悟，使我们接近真理；领悟使我们把握规律；顿悟使我们迸发灵感；彻悟使我们超脱豁达……

悟性具有突发性。悟性在由感性认识的积累逐渐上升为知性和理性认识的思维过程中，而呈现为一种突发的领悟，犹如一道闪光，它一下子打通了、照亮了精神主体的思想。还有就是突发

性和非自觉性，它什么时候到来，怎样到来，至今尚不能凭人的意愿来确切把握，当这种突发性来临时，精神主体产生一种身不由己、欲罢不能之感。

19世纪法国的批判现实主义作家巴尔扎克在创造《朱安党人》的过程中，竟有过一个星期不出屋，有时外面的人忽然听见屋里嬉笑怒骂，乱作一团，原来里面仅仅巴尔扎克一人。这就是悟性突发性的表现。曹操败走华容道的一幕既让人看到了火烧赤壁之后，曹操80万大军落荒而逃的残像，又让人看到了曹操急中生智、死里逃生的悲壮。曹操等人到了华容道，又遇到了关羽。命悬一线的曹操，先是一惊，而后又哭了起来，说起了自己对关羽的知遇之恩，关羽思量再三，最终还是放了曹丞相。如果曹操不是灵机一动，叙说关羽在曹营自己待如上宾，并且吃准了关羽讲义气的秉性，或许曹操在华容道就已经命归西天了。情急之下，曹操马上想到了对关羽的好处，想到关羽的为人，认定这就是自己的救命稻草，这也是悟性的突发性。

悟性具有联系性。一通百通、触类旁通就是悟性联系性的具体体现。这种联系性是人们对客观事物感知后的提炼，并呈现为一种清楚、深有体会的感悟。联系性能使人们的认识，从已知求未知，从少知到多知，举一反三，这样的领悟能力让天地万物都有了情趣灵性，成为佳词丽章。

历尽了岁月沧桑的人，由于知识的积累，人生阅历的增加，就会领略到宇宙的博大，体味到旷野的广阔，感受到大海的深沉，觉察到江河的灵动，洞悉到幽谷的空冥，体会到高山的雄奇，就会有“逝者如斯夫，不舍昼夜”的慨叹。

悟性还具有跃动性。这种跃动性是思维从一个板块跳跃到另一个板块的掠影，或者是从一个事物层面跃升到另一个事物层面的轨迹。

悟性思维的任务与其他思维的任务是相同的——认识未知。但在认识未知的知识或条件还不充分的情况下，或者是在逻辑推理中断的情况下，逻辑推理无能为力，可是悟性思维却仍然能实现由已知到未知的跳跃，悟性中的这种“跳跃”，有一种特殊的功能，它跨越时间的限制，冲破空间的阻隔，跳出个别事物的束缚，摆脱类别的界限，把两个或两个以上相近的、相似的、相关的、相对的、相反的，甚至看起来毫不相干的事物，加以联结、沟通或组合，使之演化成另一种新事物。

这种跃动性往往与发散思维紧密相连，它从一个目标或思维原点出发，沿着不同方面，顺应各个角度，提出各种设想，寻找各种途径，进而达到解决问题的目的。问题一旦得到解决，精神主体的思想认识就实现了质的飞跃，认识水平就会跃升一个新的台阶。从瓦特发明蒸汽机到爱迪生发明白炽灯无不证明了悟性的跃动性的特点。热能转化成动能，这一转化形式凭借的就是蒸汽机；电能转化成光能，这一转化形式凭借的就是白炽灯。悟性所具有的跃动性这一特点对于我们解决疑难问题有着极为重要的启示作用和推动作用。

悟性具有非逻辑性。悟性思维的过程不是逻辑推理的过程，而是对比、相似、联想等一系列复杂思维的过程。我国著名的戏剧大师曹禺曾经说过：“每次有人问我《雷雨》是怎样写的，或者《雷雨》是为什么写的这一类问题。老实说，关于第一个，连我自己也莫名其妙；第二个呢……也许写到末了，隐隐仿佛有一种情感的涌潮来推动我，我在发泄着被压抑着的愤懑，毁谤着中国的家庭和社会。”由此可见，悟性思维没有明确的目的性和倾向性，也不受逻辑规律的制约。

二　悟性让你通神

无论是成功人士，还是普通打工者，皆离不开悟性。没有悟性，犹如盲人骑瞎马，寻不到去处；没有悟性，好似蠢汉推空磨，劳而无功。社会的发展，人类的进步，实际上是悟性不断地从低层次向高层次归纳综合、演变升华的过程。科技的发明，无一不是悟性的再综合、再创新的结果。可以说，悟性对人的提高和进步意义非凡。

悟性让你的智慧之门豁然洞开

智慧是人生航程的指路明灯，是心海上空的彩虹；智慧是把知识转化为学问的催化剂。知识的运用需要智慧，只有智慧才能真正运用知识，而开启智慧之门的钥匙就是悟性；无论是在科技的发明创造过程中，还是在人文领域的创作创新过程中，都有无数的事实证明了这一点。

曾荣获“戴维逊奖”的数学家侯振挺在介绍自己如何证明了世界上公认的数学难题“巴尔姆断言”时曾作如是说：“当时我

深深地被‘巴尔姆断言’所吸引，一头扎进了对‘巴尔姆断言’的证明工作，一次又一次似乎到了解决它的边缘，可是一次又一次都没有达到目的。我早起晚睡，夜以继日，利用了全部可以利用的时间，吃饭、睡觉、走路，头脑中总是萦绕着‘巴尔姆断言’。”说到此，侯振挺深有感触地说：“难啊，确实是真难……时间一天天地过去，明明一个证明它的轮廓逐渐在头脑中形成了，但还有一些问题证明不了，就像一座大山挡住了去路。我把当时的进展写成一份文件。当时我正在外地实习，就让一位同学顺路带回学校去请教老师，于是我送那位同学去火车站。就在火车将要开动时，在我那始终思考这个证明的头脑里，忽然闪过一星火花，刹那间似乎在那挡路的大山里发现了一条幽径，于是我留下了那份写给老师的文件，立刻在车站旁的石头上坐下，拿出笔推导起来。果然，那一星火花照亮了前进的道路，曲折的幽径越来越宽。十几分钟以后，这最后一座大山终于被抛到我的后面去了，‘巴尔姆断言’完全得到了证明。啊！好容易！只十几分钟就完成了！”

经过不断地、长时间的思考，在一刹那间，让侯振挺教授获得解决巴斯姆断言这一智慧的钥匙正是悟性，是悟性打开了进入“巴斯姆断言”之锁。

悟性让你的思维方式一改故辙

几乎每一个人都希望富有创造力，因为创造力使人的头脑更智慧，使人的想象力更丰富，使人的生活更绚丽，创造力的增强是靠悟性来实现的。

现在有下面的几个问题，请你试着答一下：

（1）用两个阿拉伯数字“1”所能排列成的最大的数是多少？

（2）用三个阿拉伯数字“1”所能排列成的最大的数是多少？

（3）用四个阿拉伯数字“1”所能排列成的最大的数是多少？

如果题 1 的答案是 11，那么你对了；如果题 2 的答案是 111，那么你也对了；如果题 3 的答案是 1111，很遗憾，你错了。

那么，为什么别人不错，而你会错呢？

宋朝著名文学家欧阳修在他所著的《日知录》一书中，讲述了一个发生在洛阳的故事。洛阳的钱思公非常富有但生性节俭。他有好几个儿子，尽管都已长大成人，但除了过年过节之外，很难得到一点零花钱。

钱思公藏有一个用珊瑚做成的笔架，雕工精细，极为珍贵，是他最心爱的东西。平时总是把它放在书桌上，每天都要欣赏一番。要是哪一天笔架不见了，他就会心绪不宁、坐卧不安，然后就会悬赏一万枚钱寻找这个笔架。

钱思公的几个宝贝儿子很快就摸准了这一点。如果谁缺钱花了，谁就会偷偷把笔架藏起来，等钱思公悬赏一万枚钱寻找的时候，就拿出来，说是从外面的小偷那里追查回来的，于是一万枚钱的赏金便轻易地到手了。一段时间后，如果又有哪个儿子没钱花了，就又会这样如法炮制一番。这样的事，在钱思公家里，一年至少要发生六七次。

在讲完这个故事以后，欧阳修慨然道：钱思公纯洁无瑕的品德令人赞叹，可惜他常被不孝的儿子们愚弄。

这个故事听起来显得有些夸张，人们不禁要问，世上怎么会有这么傻的人呢？

其实，从行为科学的角度来看，这是一个典型的思维定式的案例。

钱思公心爱的珊瑚笔架一次又一次地失而复得，在他的头脑中已逐渐形成了一个无形的框框："我的这个笔架很值钱，外面的小偷总想把它偷走。只要我悬赏一万枚钱，我的儿子就一定能把它找回来。"钱思公头脑里的这个习惯性想法就是思维科学中所讲的思维定势。这个思维定式一旦形成，便会形成一个知其然而不知其所以然的怪圈，使你看不到事物的本来面目，甚至不愿意看到事物的本来面目，从而影响了你的聪明才智的发挥。

两个阿拉伯数字"1"所能排列成的最大数字是"11"，对了；三个阿拉伯数字"1"所能排列成的最大数字是"111"，又答对了。当问题答到这里的时候，人们自然就形成了一种思维定式，以为四个阿拉伯数字"1"所能排列成的最大数字自然就是"1111"了，其实，"11"的11次方才是所能排列成的最大的数。

这个问题已经充分证明悟性改变了思维方式后会得到最佳答案。思维方式的改变使人们逃出了故有的思维定式，在探索发展的过程中，让人眼前一亮，得到新的解决问题的方法。

悟性让你的认识灵犀拨云见日

人一旦有了悟性，或说弄明白、搞懂了一个道理，就会有见山山平、见河河开、见海海阔、见天天蓝的感觉。悟性可以让我们透过现象看到事物的本质，使思维的翅膀迅然飞升，使认识的灵犀拨云见日。

19世纪末，法国物理学家贝克勒尔发现的放射现象，引起了著名化学家居里夫人的浓厚兴趣，从而决定研究射线的性质及其来源。

初步的实验表明，放射性同化合情况、温度以及光线均无关系。面对这样的事实，居里夫人大胆地作出了以下两个判断：第一，她断定放射性不是化合分子的性质，而是原子特性的反应；第二，她断定这种射线不一定只有铀才具有，别的元素也很有可能有。

根据这个直觉判断：没过多久，她就发现了另一种放射性元素——钍。紧随其后，她又发现在一种沥青铀矿石中，有一种比铀和钍的放射性更强的放射现象。于是她又作出判断，在这种沥青铀的矿石中，还存在一种比铀和钍的放射性更强的未知元素。虽然她当时并不能解释这种“放射作用”更强的元素是什么，但她深信，她的直觉感悟并没有错。她还给这个未“出生的孩子”取名叫“镭”。经过艰难困苦的四年不懈努力，即 1898 年人们终于测出了这种元素的原子量，证实了居里夫人所作的判断的正确性。

烈日炎炎的午后，一个小沙弥耐不住酷暑和烦闷，偷偷跑出念经的禅房，躲到一棵大树的阴凉里酣睡，被师傅叫醒了。他迷迷怔怔地爬起来，睡眼惺忪地看着师傅，吞吞吐吐地说：“这、这里，树影斑驳、凉风习习，多、多么好的地方和……和光景啊！”

“我看着不好，”师傅不温不火地说，“这种地方和光景太可怕了！”

“有什么可……可怕的？”小沙弥讷讷地问。

“太可怕了，”师傅语气森森地说，“我分明看到了斑斓的虎皮！”

“虎皮？”小沙弥紧张起来，惮惮怵怵地问师傅，“哪……哪有虎皮？”

“你仔细瞧瞧，”师傅指着斑驳的树影，绘声绘色地说，“这光景不像虎皮吗？时光就是斑斓的猛虎啊！”

回禅房的路上，师傅又语重心长地对小沙弥说：“夏热冬冷、春困秋乏，就好比猛虎的四只利爪，每时每刻都在剥夺着人们的意志和恒心，稍不留神就会葬身‘虎腹’啊！”

小沙弥终于幡然醒悟。

从这则故事中你能说出小沙弥悟到的是什么吗？小沙弥经过师傅的点拨，想到的是时光如斑斓的猛虎。“子在川上曰，逝者如斯夫，光阴如箭和白驹过隙。”是呀，光阴猛于虎，它一口口地吞噬着每个人的生命，珍惜阳光，就是怜惜自己的生命。

由此可见，因为悟性的出现，使得在黑暗中努力探索的人们很快揭示了事物的本质属性，使认识过程一再缩短。

悟性让你的创造构想犹如神助

在进行创造性活动的过程中，内心已经有东西在酝酿，不断地反复，只是一时之间找不到出口或角度。灵光一闪的创意，是来自于平日的累积，再经过整理、转化所形成的。这个酝酿的过程，就是所谓的创意“魔岛论”。令古代的水手不解的是，明明根据航海图某块海域应该是一片汪洋，却突然冒出一个环状的海岛。原来这些魔岛是无数珊瑚经年累月成长，最后一刻才冒出来的。

悟性就是这座魔岛，在人们进行创造性活动的过程中，在山重水复疑无路的困顿时刻令人眼前一亮。

世界上赫赫有名的物理学家爱因斯坦创立的相对论，被认为是物理学中的一场伟大革命，具有划时代的意义。在谈及狭义相对论观点是怎样形成时，爱因斯坦说：“我躺在床上，那个谜（指对同时性的绝对论的怀疑）痛苦地折磨我。似乎毫无解答的希望，没有一线光明。但突然黑暗里闪出了亮光，答案出来了！于是我立即投入工作，连续奋斗了五个星期，写成了《论动体的电动力学》的论文。那几个星期我好像处在狂态里一样。”

关于他又是怎样形成广义相对论观点时，他回忆起当时的情形：“一天，我坐在伯尔尼专利局的椅子上，突然想到，假如一个人自由落下时，他会不会感到自身的重量。我为自己的这个假设大吃一惊。这个简单的思想实验，给我打上了个深深的烙印。”

由于德、意、日在世界范围内侵略的猖獗，1942 年，美、苏、英、中等国开始着手建立反法西斯联盟，为此，决定起草一份宣言。这份宣言叫什么名字呢?

美国总统罗斯福和英国首相丘吉尔在一起研究了多次，想过不少的名字，都因不恰如其分而放弃。

有一天大清早，罗斯福刚起床便不由自主地大叫道：“上帝！我终于想起来了！”他急匆匆去找丘吉尔。丘吉尔正在洗澡。罗斯福迫不及待地跨到浴室门前，对丘吉尔高声说道：“亲爱的温斯顿，我想起来了，你看叫联合国怎么样?”丘吉尔从漂满了肥皂泡的浴缸里钻出来，孩子般拍了拍白白胖胖的肚皮说：“啊！太好了！”

就这样，罗斯福的自发灵感做出了贡献，最后将这份宣言定名为《联合国宣言》。

1945 年联合国成立时，也沿用了这一名称。这就是联合国的由来。

人们在创造或创意过程中，悟性是不可或缺的一个重要因子，它能帮助我们尽快完成自己的构想。

悟性让你的思想水平超常出众

在丰富实践的基础上进行酝酿思考的紧张阶段，由于有关事物的启发，促使人们所探索问题的重要环节得到明确的解决，这种启发或启示就是悟性。由于悟性的参与，问题得以解决，人们对事物的认识进入到了一个新的阶段，这怎能不使你的思想水平有一个较大的提高呢?

一日下午，老僧在寺门外的古树下打坐参禅，静若草垛。一只被老鹰追击的野兔，在慌不择路、无处躲藏之际，居然钻进了老僧的百衲衣里。随即而至的老鹰呖呖嘶鸣着在老僧的四周近距离地盘旋，接着又落在老僧的身上。老僧依然微眯双目，泰然静坐。直到夕阳落山、天色渐暗，老鹰才很不情愿地朝山峰飞去；胆战心惊的野兔也试试量量地钻出来，朝一处山谷跑去。

后来，远远地目睹了这一切的几个小和尚，非常敬佩而好奇地问老僧："师傅为什么不扬手吓走那老鹰，从而救护可怜的野兔呢？您老的静功可真练到家了！"

"物竞天择，适者生存；佛心禅意，处变不惊。"老僧说，"野兔的性命尽管珍贵，老鹰的饥肠同样令人悲吝，没有被吃掉的野兔，就会有被饿死的老鹰。"

弟子们无不心服口服，惊叹唏嘘。

这位老和尚的弟子们悟懂了这样一个道理：世间的万物相互依存，顺应的就是生物链。对大自然就得顺其自然，不动不犯，老禅师对鹰兔的不偏不向、不爱不问，实为上策。

思想水平、认识水平的提高有助于我们在实践活动中少走弯路，能更顺利地到达理想的彼岸。悟性在其中的作用不言而喻。

悟性让你的疑难困惑迎刃而解

悟性是我们对事物认识和理解过程中的神秘启示，无论是在学习、工作中，还是在生活中，我们会经常遇到一些棘手的问题，经过长时间的寻找和探求，你可能在不经意间，就找到了解决问题的答案。

人们受飞鸟的启发，发明了飞机，受木梳的启发，发明了插秧机，等等。

在丝绸业极为发达的19世纪中期，法国的养蚕业曾一度陷入了一场可怕的危机：快要结茧的蚕，身上长出一粒粒像胡椒粉一样的小斑点，然后便一批批地萎缩死去。

这次蚕瘟延续了近20年的时间，法国的养蚕业遭受重大打击，濒临毁灭的境地。法国政府先后请了不少对昆虫深有研究的专家来商量如何对付此事，其中自然少不了大名鼎鼎的昆虫学家法布尔。

专家们根据自己积累的知识和经验，提出了不少长期以来对付此类现象行之有效的办法，比如用煤油的气味去熏幼蚕吃的桑叶；将硫黄、木炭灰，甚至烟灰撒在蚕蛾的身上，等等。尽管这一类的办法采用了不少，还是没有什么效果。

后来在1865年秋，无奈之下，法国政府又请来了化学家巴斯德。

巴斯德是个化学家，对昆虫学是一窍不通，他毫不掩饰自己缺乏关于昆虫方面的知识，虚心地向法布尔请教，依然不得要领。

巴斯德并没有灰心，经过对病蚕蛾的反复观察，他认为蚕瘟很可能与蚕身上的小斑点有关。他将病蚕蛾和健康的蚕分成两组，分别加水研磨，然后放在显微镜下仔细察看。他发现，病蚕表皮和内部组织里有一种棕色的微粒，这是一种椭圆形的细菌，健康的蚕身上却没有。巴斯德意识到，蚕瘟正是这种传染性细菌引起的。他在分析蚕蛾在生长发育的各个阶段的特点以后认为，必须在蚕蛾产卵的阶段就采取措施。他采取的办法是：将每一个蚕蛾产的卵都隔离开，凡是在显微镜下发现有那种椭圆形细菌的都立即烧掉；没有那种细菌的则保留下来作为蚕种。

蚕农们按照巴斯德的这种做法，经过6年的努力，终于消灭了蚕瘟，使法国的养蚕业又呈现出了蓬勃发展的生机。

这就是开发悟性的巨大作用。悟性给人们在解决实际问题时的这种启示，极大丰富了人们的知识，对推动人类社会文明进步起到了不可替代的重要作用。

三　悟性是聪明人的标配

聪明与悟性都是对事物的理解力。聪明大多指思维的一些表面的能力，悟性则多用于指更抽象的联系能力。聪明人只是指现实生活中较能接受某种知识或较好处理与事物关系的人。而有悟性的人则是在后天的学习与思考之中能形成的一种哲理体系的人，他们能看透事物本原及一般规律。聪明者与悟性高者是不同层次的两种智能人，而这种不同则是量与质的区别。无疑悟性高的人也是绝顶聪明的人。

聪明人都是有悟性的人

对"聪明"一词，有各种解释：《尚书・太甲》说，视远惟明，听德惟聪。《荀子・劝学》说，目不能两视而明，耳不能两听而聪——指眼睛因为不能同时盯着两个东西（或两种事物），所以能看清一切事物（是因为专注所致）；耳朵因为不能同时听取两种人的意见，所以能明辨是非。后来又有知人为聪，知己为明，知外为聪，知内为明的说法。由此可见，聪明是一种反应，对人对己的反应，对客观事物的反应，是知识积累的结果。既然聪明是对人对己的反应，非常聪明的人，反应能力必然强，感悟能力一定高，悟性当然就好。

有一个“黄绢幼妇，外孙齑臼”的故事。

据《世说新语》载，蔡邕在曹娥碑上题写上面八个字后的某一天，曹操和他的“主簿”（类似现在的秘书）杨修路过上虞，便一同去看《曹娥碑》。曹操指着蔡邕的题字，问杨修：“这八个字的意思你知道吗？”杨修回答：“知道。”曹操说：“你先不要讲出来，让我想一想。”走了30里路，曹操才明白过来，说:“我也想出来了。咱们各自把自己的理解写出来吧。”杨修于是写道：“黄绢，色丝也，这是一个‘绝’字；幼妇，少女也，这是一个‘妙’字；外孙，女之子也，这是个‘好’字；臼，受辛也，这是一个‘辞’（‘辤’同‘辞’）字。这八个字的意思是‘绝妙好辞’！”

曹操一看，跟自己写的完全一样，便十分感慨地对杨修说：“我的才能不及你！”后来，人们便以“黄绢幼妇”或“绝妙好辞”作为文才高、诗词佳的赞语。也留下了“智愚相悬三十里”的成语。杨修的聪明是出了名的，他一看到“黄绢幼妇，外孙齑臼”就悟懂了其中的涵义。

还有一个曹冲称象的故事也证明了至聪之人悟性必高。

三国时，外国人送给时任丞相的曹操一只大象，曹操很想知道这只大象有多重，就叫他手下的官员想办法把大象称一称。这可是一件难事。大象是陆地上最大的动物。怎么称法呢？那时候没有那么大的秤，人也没有那么大的力气把大象抬起来。官员们都围着大象发愁，谁也想不出称象的办法。正在这个时候，跑出来一个小孩子，站到大人面前说：“我有办法，我有办法！”官员们一看，原来是曹操的小儿子曹冲，官员们嘴里不说，心里在想：

哼！大人都想不出办法来，一个五岁的小孩子，会有什么办法！

可是千万别瞧不起小孩子，这小小的曹冲就是有办法。他想的办法，就连大人一时也想不出来。他父亲就说：“你有办法快说出来让大家听听。”

曹冲说：“我称给你们看，你们就明白了。”他叫人牵了大象，跟着他到河边去。他的父亲，还有那些官员们都想看看他到底怎么称法，一起跟着来到河边。河边正好有只空着的大船，曹冲说：“把大象牵到船上去。”大象上了船，船就往下沉了一些。曹冲说：“齐水面在船帮上划一道记号。”记号划好了以后，曹冲又叫人把大象牵上岸来。这时候大船空着，大船就往上浮起一些来。大家看着，一会儿把大象牵上船，一会儿又把大象牵下船，心里说：“这孩子在玩什么把戏呀？”接下来曹冲叫人挑了石块，装到大船上去，挑了一担又一担，大船又慢慢地往下沉了。“行了，行了！”曹冲看见船帮上的记号齐了水面，就叫人把石块又一担一担地挑下船来。

这时候，大家明白了：石头装上船和大象装上船，那船下沉到同一记号上，可见，石头和大象是同样的重量；再把这些石块称一称，把所有石块的重量加起来，得到的总和不就是大象的重量了吗？

大家都说，这办法看起来简单，可是要不是曹冲做给大家看，大人还真想不出来呢。曹冲真聪明！

然而，曹冲的聪明绝不是天生的，尽管他年纪很小，但他知道要把大象牵到船上去，是他熟悉船的用途和特性，这就是他善于观察和联想的结果，正是这种高悟性才衍生出了曹冲的大聪明。

有悟性的人不一定是聪明人

我们不能奢望让一个牙牙学语的孩子去感悟汤汤流淌的江河，而启发出“逝者如斯夫”的慨叹。我们不能想象一整天无所事事，不思考、不学习的人，能够悟懂一个定理，掌握一个规律。

悟性是随着知识的积累加上辛勤的思考而不断增加的。缺乏悟性大多是因为不感兴趣，不努力学习，不善于思考等因素的影响，与愚笨关系不大。

韩信走马分油的故事为很多人所熟知：一天韩信经过一个村庄，遇两个老妇争执起来，原来，一共有 10 斤油，共三个葫芦，一个是 3 斤装的，一个是 7 斤装的，一个是 10 斤装的，油在 10 斤装的葫芦里，每个要各分 5 斤，可是她们怎么也不能均分开，因此而发生了争执。韩信想了想，不一会就给她们把油分开了。

现在小学二年级以上的孩子，只要善于思考也能平分得开。先把油倒入 3 斤的葫芦，倒满后，倒入 7 斤的葫芦内，再把 3 斤的葫芦倒满，再倒入 7 斤的葫芦里，这时 7 斤的葫芦内有 6 斤油。第三次把 3 斤的葫芦倒满，再拿 3 斤的葫芦里的油把 7 斤的葫芦倒满，这时 3 斤葫芦里剩下的油是 2 斤。之后把 7 斤葫芦里的油倒入 10 斤葫芦，再把 3 斤葫芦里剩下的 2 斤倒入 7 斤葫芦内。之后再把 3 斤葫芦倒满，再次倒入 7 斤的葫芦里，这时 7 斤的葫芦里正好是 5 斤油，10 斤的葫芦里也是 5 斤油，如此就分开了。

无数的事实证明，只要勤于学习，善于思考，悟性就会大幅提高。爱因斯坦小时候，没人认为他是一个聪明的孩子，然而在物理学上具有里程碑意义的狭义相对论和广义相对论不就是出于他的大脑吗？

绝大多数的物体都有热胀冷缩这一特性，而水却是例外，水由液体状态变为固体（结冰）时，为什么不会缩小反而体积增加了呢？由此引发的问题是：两种轻元素——氢和氧组成的简单分子，又具有什么样的内聚力，使它们能在常温下凝聚为液体，而不是气体呢？这一问题长期困扰着英国物理学家贝尔纳，令他百思不得其解。

1932 年，贝尔纳应邀去参加科学讨论会。讨论会结束正要乘飞机返回英国时，机场上突然被浓浓的大雾笼罩，由于能见度极低，飞机无法正常起飞，于是贝尔纳同前来送行的热力学家福勒闲谈起来。两人触景生情，话题转移到雾，由雾又跳跃到水。贝尔纳在向福勒解释水的结构的过程中，突然想到：水的本质，关键在于它的分子结构。用 H_2O 表示水的分子时，对其中的氢原子是如何排列未作说明，一般都理解为 H–O–H，即氢原子排列在一条直线上。然而假定氢原子排列成 O ／ H ＼ H，那么，不就形成了强烈的电子矩，这样就可以解释水分子的内聚力为什么能在常温下，使水分子凝聚为液体了。此外，通过分子间的不同组合方式，也就可以解释为什么水比冰重这一反常现象了。

回到英国，顺着以上灵感启发的思路，贝尔纳马不停蹄地继续深入研究。数月后，贝尔纳和福勒合写的关于水结构方面的专著出版了。这样，由关于雾的闲谈而触发出来的灵感，导致了水结构学的诞生！

贝尔纳的这一发现，直接的原因是由闲谈触发了灵感，悟到了其中的原理，如果贝尔纳没有大量的知识储备，没有对这一问题的深入不断地探索，他不可能在闲谈中得到这样的启示。

不难看出，悟性好，主要的原因是由于后天的努力学习，不断思考，善于思考而逐步获得的。只要我们做一个勤奋的人，做一个乐于学习的人，做一个勤于思考、善于思考的人，悟性就会多一些，成绩就能好一些，贡献也会大一些。

据说，爱因斯坦小时候是个十分贪玩的孩子。他的母亲常常为此忧心忡忡，母亲的再三告诫对他来讲如同耳边风。直到16岁的那年秋天，一天上午，父亲给他讲了一段亲身经历，才敲醒了他。

爱因斯坦父亲说，“我和咱们的邻居杰克大叔清扫南边工厂的一个大烟囱。那烟囱只有踩着里边的钢筋踏梯才能上去。你杰克大叔在前面，我在后面。我们抓着扶手，一阶一阶地终于爬上去了。下来时，你杰克大叔依旧走在前面，我还是跟在他的后面。后来，钻出烟囱，我发现一个奇怪的事情：你杰克大叔的后背、脸上全都被烟囱里的烟灰蹭黑了，而我身上竟连一点烟灰也没有。”

爱因斯坦的父亲继续微笑着说：“我第一眼看见你杰克大叔的模样，心想我肯定和他一样，脸脏得像个小丑，于是我就到附近的小河里去洗了又洗。而你杰克大叔呢他看见我钻出烟囱时干干净净的，就以为他也和我一样干净呢，于是就只草草洗了洗手就大模大样上街了。结果，街上的人都笑痛了肚子，还以为你杰克大叔是个疯子呢。”

爱因斯坦听罢，忍不住和父亲一起大笑起来。父亲笑完了，郑重地对他说：“其实，别人谁也不能做你的镜子，只有自己才是自己的镜子。拿别人做镜子，白痴或许会把自己照成天才的。”

爱因斯坦听了，顿时满脸愧色，从此离开了那群顽皮的孩子们，他时时用自己做镜子来审视和映照自己，终于映照出他生命的熠熠光辉。

人有时需要通过别人来认识自己、了解自己，正如古人所说“以人为鉴，可以知得失”。但别人这面镜子是需要选择的，如果它是平整的、明净的，则能发现自己的问题；如果是扭曲的、污浊的，那不仅看不出自己身上的不足，反而还会自我感觉良好。所以，重要的是拿自己做镜子，认真检查自己，对自己提出更高的要求。

父亲的故事唤醒了少年爱因斯坦心中的那只理想之鹰，让他得以摆脱周围环境对他潜移默化的禁锢和束缚，悟到了未来有一片属于自己的天空。

第二章　出类拔萃，靠悟性来实现

悟性人人有，它不立文字，不依理性，只可意会，无法言传，书不能尽言，言不能尽义，它是与规律的一种自然妙合，发问题之宗旨，感现象之根源。悟性就像一颗颗闪闪的繁星，在我们的人生活动中放出灵动的光芒。

一　悟性好的人学习好

当老师的经常听到学生说：“我上课听起来全懂，可一做作业就不知怎样下手了。”究其原因，这样的学生缺乏学习的悟性。一般来说，学生解题能力的提高，探究能力的增强，都离不开思维的主体——悟性。所谓悟性，其实就是感知能力，也就是凭借原有知识和生活积累感知事物，领悟实质，发现规律的能力，即创造性的学习过程。悟性越高，视野越开阔，思维越灵活，方法越巧妙，学习能力越强。

悟性好的人学习善于感悟

自古以来，论治学之道，很多都是讲勤学、苦学，这自然是对的。但真正要达到更高的境界，仅仅停留于勤、苦不行，还必须悟。在学习的时候我们经常引用韩愈的名句“业精于勤，荒于嬉”，却往往忽略了下面的“行成于思，毁于随”。思是悟的过程，悟是思的结果。勤而不思，等于食而不化。当然，思而不勤，也根基不牢。归根到底，还是孔老夫子说得最全面，“学而不思则罔，思而不学则殆”，把学与思的关系讲得太清楚了。

然而，就大多情况看，应该说悟比勤更难。“衣带渐宽终不悔”还比较容易做到。而“蓦然回首，那人却在灯火阑珊处”就不是人人都能够达到的境界了。有的人读书不可谓不多，治学不可谓不严，但皓首穷经，终身无所创见，无所突破，原因就在于缺一点“悟”上。

悟，不是唯心的、不可捉摸的东西。悟是对所学的东西进行由表及里、由实及虚的研究而出现的升华。这里最为重要的是理论联系实际和从社会实践经验中而汲取的丰富的学养。

所以，学习重要，坚持不懈的学习更重要，通过学习善于领悟其中的内涵和道理，并用以不断指导、修正和提升自己就尤为重要了。

感悟力在提高学习力中的作用不言自明，提高学习力必须重视感悟力的培养，没有一定的感悟力作支撑，提高学习力只能是空想。

悟性好的人学习会举一反三

人们常常有这样的感慨，坐在同一间教室在同一时间听同一位老师上课的学生，学习效果的差距为什么那么大呢？比如学习语文时，同一篇文章，甲已经深得要旨，乙仍不知所云；同一句妙语，甲已经会心一笑，乙仍不解其味；同一个问题，甲一点即通，乙启而不发。这其中固然有基础的原因，有非智力因素的原因，如注意力不集中等，但另外一个至关重要的原因导致学习成绩有差距的，就是悟性。

苏霍姆林斯基认为：悟性是生动地、直观地感知周围世界的思维活动。《现代汉语词典》则将“悟性”解释为“人对事物的分析和理解能力”，换句话说，人对事物的领悟能力就是悟性。一个人的领悟能力强即悟性高，就能够既快捷又准确地掌握所学知识，学习成绩提高得必然快。

这里以学习语文为例。我国诗人王维写过这样的名句：“大漠孤烟直，长河落日圆。”句子中所描写的景象都是常见的，而王维从“直的孤烟”，通过对比联想，想到了“圆的落日”，把它们组合在一起，便构成了一幅富有诗情画意的动人景象。

中国语文博大精深，奥妙无穷。有价值的作品往往是“藏锋不露”，“用意十分，下语三分”，“拙辞或孕于约义，庸词或蓟于新意”。人们在阅读作品时，要对作品思想上和艺术上的底蕴处、精妙处进行品味、玩赏，对那隐含在语言深层的用意仔细揣摩，并进行逻辑思维，进而辨得曲折是非，理解其内涵、主旨。若具有了从已知求未知，从少知到多知，举一反三，触类旁通的领悟力即悟性，学习者自可获取深层的知识。有了悟性，简单的文字符号，就有了生命力，成了情思之花；有了悟性，天地万物就有了情趣灵性，佳词丽章自然跃于纸上。悟性高就能理解和运用所学知识，进而解决未知问题，学习当然好。

有一位外国语学院的研究生，在最初学习法语时效率不高，于是他想了一个办法。他找来了法文版的原著和法文字典，然后用他所娴熟的英语同新学的法语作对比。由英语而想到法语，结果仅用五个月时间，他便能初步看懂法文著作了。这位研究生可以说是一位悟性较高的人。

毫无疑问，一个学习能力强的人在学习数理化知识时，也同样可以运用对比联想以帮助理解和记忆，把那些互相对立的定理、公式和规律归纳在一起学习。比如遇到正数和负数，实数和虚数，乘方和开方，微分和积分等相对立的概念，就可以进行对比联想。又如在记忆圆锥曲线时，采用对比联想法去理解和记忆椭圆双曲线和抛物线的定义、方程、图形、焦点、顶点、对称轴离心率等性质，效果相对会好一些。

悟性好的人学习会触类旁通

在日常生活中，我们都有这样的体验，你学会了骑自行车，有助于你学骑摩托车。学会了俄语，有助于你学英语。学会滑冰，有助于你学滑雪。在家养成了整洁的习惯，在单位也差不到哪去。这种现象叫学习迁移，技能、知识、情感和态度都可以迁移，迁移就是一种学习对另一种学习的悟性。

学习迁移的悟性早已为人们所知，我国古人就有“举一反三”“触类旁通”之说。孔子曰：“举一隅，不以三隅反，则不复也”(《论语・述而》)。从心理学上讲，“举一反三”和“触类旁通”都是指，先前的学习对以后学习的促进，所以都是学习的迁移现象。

学习的本质就是能力（外显）和倾向（隐含）的良性变化。学习是用知识营养自己、塑造自己、装扮自己的过程。如果知识是“符号”，那么学习就是将“符号”转变为“资本”的过程，这个“资本”就是智慧。而将知识转化为智慧的过程中，没有悟性的参与是不可想象的。融会才能贯通，这就需要“悟”。举一反三，没有悟性绝对做不到。学习任何知识，不在于记住了哪个知识点，而是建立一个相互通达的网络，因为每个知识点都不是相互绝缘体，而是有着内在联系的系统，这就要求学习者有由此及彼，触类旁通的领悟力，即悟性。这才能把所学的知识融会贯通，进而转化为自身解决问题的能力。

比如外语学习就需要触类旁通，很多人都怕同时学几门语言会相互混淆，其实只要掌握语言的基本规律和要领，不但不会影响原来的学习，反而可以取得相辅相成的作用。西班牙语中许多看似很长很难的单词，其实都与英文惊人地相似，而且语法结构相同的单词，它们的变化也相同，可以说记住一个，也就记住了一组。你会碰到比较陌生的西语单词，如果它又正巧与英文中的兄弟是双胞胎的话，那就为你的西文词库中添加了一个新成员，至于读音你大可不必担心，因为西语的每个字母都有其固定的读音，所以只要将语音学完，看着单词就能够立刻读出来。

再如数学，更需要融会贯通。有这么一个智力题，一共有10棵小树苗，要求是栽5行，每行4棵，怎样栽才能按要求完成任务?

每行4棵，栽5行，得20棵小树苗才够用，这是我们马上能想到的。可偏偏是10棵小树苗：这就要求一棵顶2棵用，也就说每一棵既是这行的一个，也是另一行的一员。从许多的几何图形中我们发现五角星的每个交叉点都互为两个边的公共交叉点，恰好10个点：每条线上都有4个点。问题解决了。

如果我们不把所学的知识融会贯通，灵活运用，这样的任务能顺利完成吗?钢琴演奏家郎朗说，学琴没悟性打一百次都没用。在学习的过程中，没有悟性的参与是不可想象的。

二　悟性好的人工作好

社会发展日新月异，新情况新问题不断涌现，新事物新观念层出不穷。无论在机关单位，还是企事业，工作的难度和强度都比以前更大，工作的标准和要求都比以前更高。按部就班、一步一动的路子已经不行了，死守教条、墨守成规的做法已经不灵了。开展工作的前瞻性、预见性、主动性和创造性，显得比以往任何时候都重要。而要具备这“四性”，都离不开悟性。因此，工作中离不开悟性的明点暗拨。

捕捉创意闪电

有思想、有头脑，能够创造性地完成工作的人是最有价值、最有发展前途的人。带着思想工作，带着智慧工作是知识经济时代的必然要求。如果一个人缺乏头脑、缺乏思想、缺乏创意，就创造不出高质量的产品，提供不了高水平的服务，满足不了高效率的需求，而且也不会给自己带来职场上的任何前景，甚至迟早会被淘汰出局。只有用心工作，创造性地完成工作，才能让自己走向成功和卓越。

创造性是领悟和感悟了事物间的某些联系规律而得来的创意。一个好的创意，就会使工作顺畅，事业发达。

波尔格德是石油企业家的儿子。1914年9月他刚从英国牛津大学毕业回到美国，便决心从事石油开采业。

1915年10月，美国俄克拉荷马州有一个石油矿井招标，参加投标的企业家很多。有不少投标者实力雄厚、财大气粗，竞争异常激烈。

波尔格德此时才成立的公司资金不足，不是那些大企业家的对手。怎么办呢？经过冥思苦想，波尔格德悟到了一个高明的点子——空城妙计。

投标那天，波尔格德租了一身十分华贵的衣服，约了一位他所熟悉的著名银行家，同他一道前往投标会场。

到了会场，波尔格德显得气度不凡，胸有成竹，加上身旁有著名的银行家陪伴，致使在场的企业家的目光都集中到了他的身上。

那些跃跃欲试，准备在投标中一决胜负的投标者，心里不免忐忑不安，想到波尔格德是石油富商的儿子，现在又有大银行家作“参谋”当“后盾”，感到自己绝非波尔格德的对手。于是，投标会场发生了戏剧性的变化，企业家们竟三三两两地相继离开了，留下的也不敢竞价。

结果，波尔格德以五百美元的低价就轻而易举地中标了。他这套把戏居然成功了。四个月后，即1916年2月，波尔格德中标的那个油矿打出了优质石油。他马上以四万美元的价格将油矿售出，很快便获得了三万多美元的纯利。

波尔格德一处又一处地投资开采石油，不断成立新的石油公司。到了1917年6月，23岁的波尔格德已成为拥有40家石油公司的富翁。

开展工作都需要创造力，创造力就在你的头脑中，创造力无时无刻都会显现出来，并在你需要的时候为你拨云见日，化解难题。

不蛮干会巧干

对于绝大多数的人来说，工作都不是无序和盲目的，都是在按照上司或自己设定的目标和程序进行的，但这是不是说，我们每天在工作的时候什么都不要想，只按规定、要求去做就可以了呢?不行，因为任何一项事业和一种工作，都存在着一定的变数，它本身还有着要求不断提高其工作质量的问题，这些问题的解决要靠我们勤于思考，悟懂其中的道理，查明原因，圆满合理地加以解决。

其实，我们在许多问题上以及工作中多加注意，多加观察与思考，都会得出对我们有益的结论来。

20世纪70年代的日本，人们普遍信奉西医，中医备受冷落，中药根本就卖不出去，因而经营中药的药店境况很是凄凉。从事中药经营的伊仓产业公司的社长石川为了改变这一境况，绞尽脑汁，苦苦寻找办法。

石川认为，过去的中药店总是给人们一种阴郁的感觉，而且服用中药味道不太好，难以下咽。于是，石川社长经过一番感悟性思考，想了一个绝妙的办法，他把中药和现代生活方式的茶馆结合起来，以此消除中药店的阴郁气氛。石川按照茶馆的式样要求进行装饰，店内豪华气派，格调高雅，并且装设了空调、灯光、音响等设备。墙壁刷得雪白，地面、桌椅则全部刷成绿色，店内气氛清新宜人，散发着浓郁的现代都市生活气息。店里考究的壁柜里放着或透明或橙黄色的各色中药饮料，有中国著名的人参药酒、鹿茸药酒等，还有掺了中药的果汁等。无论是药酒还是果汁，中药味已大大减轻。

伊仓茶馆别具一格的经营方式，立即吸引了大量的年轻顾客，店里经常座无虚席，青年顾客们在美妙动听的流行音乐中，悠闲地品味着既能强健身体又合口味的中药饮料，伊仓茶馆藉此大获成功，并带动了东京其他中药店的繁荣。

伊仓茶馆开张两个月后，就因电视和报纸的宣传而誉满日本全国，各地寄来了数不清的信件要求伊仓茶馆提供中药的订单和配药方法，过去没有人愿意吃的中药，现在成为人们竞相购买的珍品，伊仓公司因此一炮打响。

可以设想一下，如果石川社长总是抱着传统的范式去看待问题，没有自己的悟性、想法和创意，不可能取得这么大的成功。

所以在瞬息万变的全球市场中，无论是企业还是个人，要想在市场竞争中占有一席之地，就必须打破传统的思维范式，让大脑开窍，让悟性迸发，让灵光闪现，这样就一定会使你遇到的一切疑难问题迎刃而解，并在工作和事业中创造出辉煌的业绩。

带着头脑工作

带着头脑工作，就是善于领会和体悟。要做到善于领会和体悟，就必须勤于动脑，这是现代企业员工必备的素质，也是走向事业成功的前提。

工作是一种高强度的智力性活动，不是对以往的行为进行简单的重复，每一步都需要慎思。只有勤奋上进、不断自我加压、多思多想才能不断感悟出新的东西来。思考力是提升悟性的必要因素。这就要求我们在工作中要勤于思考、善于总结、求真务实、改革创新。

韩国的金光中曾生产了一种叫“抱娃”的黑皮肤玩具，请百货公司代售。他为了宣传这种玩具，还刊登了广告。可是玩具的销路一直不好，几乎无人问津。因此，百货公司拒绝继续代卖并让他拿回产品。无奈，金光中只得把“抱娃”取了回来，堆放在仓库里。

金光中的儿子是一位肯动脑筋的年轻人。他注意到，百货公司里有一种身穿游泳衣的女模特模型，女模特模型有一双雪白的手臂。他想：假如把这种黑色的“抱娃”放在女模特模型雪白的手腕上，那真是黑白分明。有了这种鲜明的对比，说不定顾客会喜欢“抱娃”呢。于是他决定试一试。

他费尽了口舌，终于说服了百货公司，同意让女模特模型手持“抱娃”。这一招果然奏效！凡是从女模特模型前走过的女孩都会情不自禁地打听：“这个‘抱娃’真好看，哪儿有卖？”原来无人问津的“抱娃”，一时间成了抢手的热门货。

后来，他的儿子又想出了一个办法。他请了几位白皮肤的女孩，身着夏装，手中各拿一个“抱娃”，在繁华的街道上“招摇过市”，一下子吸引了大量过往行人的注意，连新闻记者也纷纷前来采访。第二天，报纸上竞相刊登出照片和报道。没想到，这次成功的推销竟然掀起了一股“抱娃”热！归根结底，“抱娃”的推销术之所以收到了奇效这就是得益于思考后的感悟。

许多人所掌握的知识远远多于张瑞敏、柳传志、刘永好，但很少有人像他们一样勤于动脑，勤于思考，真正把自己的才能和潜力发挥在工作上。有太多的职业人士所缺乏的就是这种事业至上、勤于动脑的精神。

任何公司都不是白白养人的地方，没有哪个领导或老板会对懒惰和呆头呆脑的员工视而不见和无动于衷。因为勤于动脑不是领导或老板对员工的特别要求，而是员工必须具备的基本品质。

职场人士要想把自己变成一个勤于动脑的人，就需要牢记自己的梦想。只有给自己一个奋斗的理由，你才能坚定信心，锲而不舍。有太多的人只为薪水而工作，所以他们往往会把工作当成一项讨厌的责任，或者是惩罚，这种思想决定了他们只会偷懒和拖拉。

不要机械地工作，而是用心在工作中学习知识，积累经验。经验多了，思路广了，人的悟性也就提高上来了。

请记住萧伯纳的名言："人生有两出悲剧，一是万念俱灰，二是踌躇满志。"这两种悲剧，都会导致勤于动脑的终止，也因此阻止了自己悟性的开启。在取得了一个小目标的成功之后，要重申自己的大目标，告诉自己还有更加美好的前途在等着自己，使自己重新振作，继续勤于动脑，永不满足。

在职场中永立不倒的英雄所凭借的绝不是安逸中的空想，而是踉跄中的执著，重压下的勇敢，逆境中的自信，艰苦中的勤勉和奋发，是在任何环境中的扎实工作和锲而不舍的求知精神。如果他们说这些都是他们成功的秘诀，倒不如说正是这些行动开启了他们悟性之门的结果。这也是所有想成功的人必须具备的崇高美德。

所以，不管你现在所从事的是怎样一种工作，不管你是一个水泥工人，还是一个IT精英，只要你善于用脑工作，你的悟性也会不断地在热爱工作中得到提高，最后你就能取得成功。

三　悟性好的人生活好

生活是一种感觉，一种心态，幸福与否，关键就在于有怎样的感觉和心态。看见半瓶水，有人悲观，有人却乐观。这不同的感觉和心态来自于对生活的不同感悟。悟性高的人，从岩石中的小树看到了顽强的生命力；悟性低的人，碗里吃着肉，嘴上却骂着娘。迷离的生活有时会遮住远望的眼睛，而悟性能够拨云见日，让你理智地看待本真的现实。生活离不开悟性，悟性把握着生活的方向。

想得开才能活得好

感悟生活是对人生的一种理解和领悟，热爱人生就必须学会感悟。生活中的点点滴滴，可以让单纯的心在默然中得到净化。在生活中，一定要让自己豁达些，豁达就是对生活领悟后的一种人生态度。因为豁达才能乐观向上，才可以用自己的快乐感染别人。

生活中，有时放弃也是一种美，这种生活感悟让人更超脱。一次默默的放弃：放弃一个心仪却无缘分的朋友，放弃某种投入却无收获的感情，放弃某种心灵的期望，放弃某种思想……这时可能会生出一种伤感，然而这种伤感并不妨碍自己去重新开始，因为这是一种自然的告别与放弃，它富有超脱精神，因而伤感得美丽！

曾经有种感觉，想让它成为永远。过了许多年，才发现它已渐渐消逝了。然后才懂得：原来握在手里的，不一定就是我们真正拥有的；我们所拥有的，也不一定就是我们真正铭刻在心的！其实人生很多时候需要自觉地放弃！世间有太多的美好事物。对没有拥有的美好，我们一直在苦苦地向往与追求。为了获得，而忙忙碌碌。其实自己真正所需要的，往往要在许多年后才会明白，甚至穷尽一生也不知所终！而对已经拥有的美好，我们又因为常常得而复失的经历，而存在一份忐忑与担心。夕阳易逝的叹息，鲜花凋落的烦恼，人生中会有不快乐！因为拥有的时候，我们也许正在失去，而放弃的时候，我们也许又在重新获得。对万事万物，我们其实都不可能有绝对的把握。如果刻意去追逐与拥有，就很难走出患得患失的误区。

我们像往常一样向生活的深处走去，我们像往常一样在逐步放弃，逐步坚定！有一种感觉总在失眠时，才承认是“相思”；有一种缘分总在梦醒后，才相信是“永恒”；有一种目光总在分手时，才看见是“眷恋”。放弃也是一种美丽。

在这个纷扰的世界，总有一个人或一件事在某个角落看着你，等着你，只是看你是否珍惜是否主动去争取。一旦松手，也许失之毫厘，差之千里了。

往往很多人都会说“人总是要等到失去后才懂得珍惜”，尽管很多人感悟到理解了这样一句话，却还是会一次又一次的犯同样的错误。席慕蓉《成长的痕迹》里有这样一句话：总是在擦身而过之后，才发现，你曾经对我说了一些我盼望已久的话语，可是，在你说话的时候，我为什么听不懂呢？当我回过头来在人群中慌乱地重寻你时，你为什么又消失不见了呢？

曾经听过这样一个故事：有一对夫妻，从35岁生日那年，每年他的妻子总要问她的丈夫，你错过了什么，她的丈夫每次都会回答，我错过了某一次升迁的机会，错过了某一次发财的机会，错过了某一次和朋友去旅行的机会，错过了认识一个人的机会，错过了去外地发展的机会……终于到了妻子60多岁，在床上躺着时，她不再问她的丈夫，到了那一刻，她的丈夫终于明白自己这么多年真正错过了什么，错过了许多与家人在一起的时间，那种一家人其乐融融的氛围，那种天伦之乐其实是任何东西都无法换得的。在年轻的时候我们往往忽略这样一种平淡，而当我们经历了许许多多历练和风雨后，就会发现什么才是最可贵的，什么才是最难求的。但很多人就是这样，不走一遍，往往不会明白。

珍惜这个词，它包含了很多，尊重，包容，理解，宽容……很多人往往在那样一个时间不懂得珍惜，所以我们认为，最重要的是经过这个时间你要真正明白、成熟，知道自己需要的，在正确的时间遇见正确的人，这才是最大的收获。

如果有一个人现在在你身边，能够在你开心的时候与你分享快乐，在你伤心的时候陪你一起度过风雨，在你最需要他的时候可以在你身边理解你，懂你，能够陪你一起吃早餐，一起享受生活，他也许不会给你多么大的压力，也不会给你甜言蜜语，但是他会有很多细节之处去感动你，在你最累的时候他永远可以站在你身后，可以用一颗最平和的心来包容你所有的缺点和优点，这样的一个人，请一定要珍惜。很多事情，没有尝试，永远不知道答案是什么！

珍惜身边的人，珍惜拥有的真挚情感。也许你现在感觉不到它的重要。哪天，当你真的失去的时候，再回头就已经没有任何意义了。也许你意识不到，那些最不起眼的，一直被你忽略的东西， 其实是你最珍贵的财富。 不要让我们的生命因为自己的疏忽，自己的不珍惜而留下无法挽救的后悔……

扬长避短如水随形

自古以来， 自然界和人类社会唯一不变的定律就是“适者生存”，而不适应者必然惨遭淘汰。有些人感悟不到这个道理，一味地要求外界适应自己，从而事事不顺、时时受阻、处处碰壁。

彼得斯应聘到一家广告公司工作，上班的第一天，当经理找他谈话时，他说的第一句话便是要求“专业对口”，而且特别提醒经理要“充分注意到我的特长”。

这位刚刚走出校门的大学毕业生， 因为毕业于一所名牌大学的美术系而且专业成绩突出而大受青睐。也许是因为心理上的满足感尚未消失，所以他很坦率地说出了自己的要求，并反复说明只有让他到广告设计部门去工作，才能真正发挥自己的优势。

可是，经理并没有因彼得斯的强调和解释而改变想法， 仍然安排他到策划部门去工作。这使彼得斯觉得很不开心，甚至感到很恼火——他认为自己被“埋没”了。带着这种情绪，他到了策划部门后，既不安心干活也不虚心学习，结果给人们留下了很不好的印象。没过多久，彼得斯就无法再待在那家公司了，只得主动提出了辞职要求。

就工作来说，一上岗就能发挥自己特长的人并不多见。更进一步说，所谓“特长”往往也是“个人”所认可的，有时并不是所在机构立即需要的，即使需要也可能因没有空缺岗位而使新人被暂时搁置一边。

导致上述情况的主要原因在于，每个机构都有一个部门结构完整、人员最佳组合的问题。而且，个人特长只有让人们充分了解并成为构成整体的一部分时，才真正是需要发挥的特长。据调查，每年走上工作岗位的大中专毕业生中，有一半多会出现“社会不适症”。尽管他们大都对未来充满跃跃欲试、展翅高飞的决心和理想，但由于生存环境的改变，角色转移不到位，使得这些社会新人倍感紧张，或是十分失望。

社会心理学家把刚踏入工作岗位、走上社会的时期，形象地比喻为“笨鸟学飞”的人生阶段。就像小孩子咿呀学语、蹒跚学步一样，几乎所有人在“笨鸟学飞”时期都曾闹过不少笑话，出过一些乱子。

根据研究发现，刚出校门、走入工作领域的大中专毕业生，或多或少都曾发生过一些适应不良的症状。即使给他们的是一份专业对口或能发挥特长的工作，这个问题依然存在。因为除了适应工作，他们还必须适应环境和人际交往等方面。

几乎每个人都有这种感受，即自己的第一份工作，完全不是自己当初所的想象那么一回事。因为许多人的想象往往都呈现理想化的倾向，从美好的愿望出发，做了一系列美好假设，但是，现实中没有那么多的人愿意为你大开绿灯。

因此，专家建议，人的特长应该成为自己适应工作、适应环境的“催化剂”，而不应成为挑剔工作的“资本”，应该让特长服从需要，而不是需要服从特长；也应该主动适应社会，而不是让社会适应自己。

其实，我们每个人的一切成长与进步都是通过“适应”过程悟出道道后而获得的。学习语言而不是自创语言，学习直立行走而不是为了能越过人类需要先学会爬行的阶段，学习知识而不是拒绝知识，等等。而生活最精彩、最不可或缺的需要是什么，需要我们去悟，才会知晓、才会获得。即使你想超越别人、领导社会发展，你也必须首先学会体会生活和感悟生活。没有感悟，就无法创新；没有适应，就不能超越。无论是面对工作岗位还是面对人际关系，碰上了与自身不合的人或事时，最好的处理办法就是“舍弃”你的特长，“掩盖”你的个性，把自己归“零”，重新开始。

不钻生活的牛角尖，实际就是对生活的感悟。不钻生活的牛角尖，就要做到安详。感悟安详、体会安详就能让生活更安静。

快乐买不到悟得到

快乐是人生最具实际意义的追求。而绝大多数人却感悟不到这一点，因为在生活中，我们很明显地感受到人们不遗余力追求的是金钱或欲望的实现。

美国石油大王洛克菲勒，是标准石油公司的创始人，也是资本主义原始积累时期资本家的典型代表。为了聚敛财富，他的每一次行动都充满了血腥，使多少企业破产倒闭，又使多少人倾家荡产！他以追逐金钱为人生最大的快乐，赚了很多的钱，同时也收获了无数人的仇恨。

退休后的洛克菲勒，生活在深深的悔恨和愧疚之中。在经过痛苦的反思之后，他终于感悟到了金钱并不等于快乐。为了确保他的子孙在社会上不像他那样臭名昭著，他决定将慈善事业作为自己晚年的追求。他先捐献给美国普通教育委员会1000万美元，一年后又追加了3200万美元，这笔资金为南方兴建了1600多所中学。当南方深受钩虫病影响时，他拿出100万美元，成立了洛克菲勒卫生委员会，使钩虫病得到了控制。

为了开创一项永久性慈善事业，他组成了洛克菲勒基金会。基金会成立后，曾资助医疗人员向世界范围内的流行病进攻，包括疟疾、黄热病等。后来，还在中国创立了协和医院。晚年的洛克菲勒追求慈善事业，不再沉迷于聚敛财富，还喜欢与朋友打球、聊天，喜欢教育子孙，享受天伦之乐，并且经常向路人施舍金钱。他在这样的晚年生活中，终于找到了迷失已久的快乐。这就是大亨的感悟。

后来有个著名的新闻记者采访了洛克菲勒，问他为什么这样热衷于慈善事业。

洛克菲勒没有正面回答，只是微笑着讲了下面这个故事。

从前有个富翁，有着许多的财富，一直很幸运。然而，令富翁烦恼的是，遇到了一个没日没夜唱歌的邻居，结果得了失眠症。最后，富翁想了个办法让邻居安静下来。

一天，富翁把邻居请到家里，问道："你一定很快乐，是么?"

"是呀！我有一个非常善良能干的妻子，能不快乐么?"邻居说。

"你一定也有很多的钱了?"富翁问。

"很惭愧，一文多的也没有，不过正因为如此，我才无所贪求。"

"你希望有钱么?"

"有钱当然会使生活过得好一些，比如您……"邻居说。

"那么，我送你5万美元吧。希望你谨慎使用它，不到万不得已时不要随便挥霍掉它。"富翁嘱咐道。

邻居谢过富翁，高兴地提着钱袋走了。

回去后，邻居把这钱埋在家中的地下。从此，他的快乐也随同金钱一块儿被埋掉了。

白天，他提心吊胆，生怕有小偷进来挖走了钱袋，哪怕一只猫从屋中走过，也会吓得他一身冷汗。夜晚，他草木皆兵，忧愁、失眠，辗转反侧痛苦不堪。

而那富翁呢，倒是实实在在睡了一段时间的好觉。

终于有一天，邻居把这袋钱还给了富翁，说："把这令我寝食不安的钱还给你吧，即使给我100万，我也不想放弃我的歌声，放弃我的睡眠，放弃我的快乐……"

后来，新闻记者发表了对洛克菲勒的采访。题目是《金钱与快乐》。其中写下了这样的一段话："金钱可以买到房屋，但买不到家；金钱可以买到珠宝，但买不到美；金钱可以买到药物，但买不到健康；金钱可以买到书籍，但买不到智慧；金钱可以买到伙伴，但买不到朋友；金钱可以买到权势，但买不到学识；金钱可以买到武器，但买不到和平；金钱可以买到享乐，但买不到快乐。"

看来，一个人想要获得真正的快乐，但缺乏悟性也是不易得到的，因为快乐就在我们身边，存在于生活的方方面面，但需要你去发现，去感受，去感悟。

第三章　良好悟性从何处来

悟性认识包含了人们从理性认识中提取出来的模式，是学透了、能灵活应用、活化了的知识，是完全属于自己个性所有的知识，更是人们在理性认识中亲切感受到的真谛。悟，就是在理性中寻找感性，在抽象的理性中寻找更高级的感性。

一　悟性源于知识的积淀与发酵

一个没有知识的人也是有悟性的，但一个有知识的人的悟性远比没有知识的人的悟性高，因此可以说悟性来自于知识的积累和掌握。知识就是理性认识，理性知识上升为悟性认识。朱熹在其诗《观书有感》中说得好："问渠哪得清如许，为有源头活水来。"有了充足的知识积累，悟性才能水到渠成。我们现在每天做的事情就是把自己的理性知识上升到悟性认识。

知识是使人变聪明的源泉

知识是发展智力的基础，是思维的依据和源泉。也就是说，如果没有充实的知识做基础，感悟力也很难获得发展。人的一切思维活动都是在一定的知识基础上进行的，知识丰富的人能够在思维活动中产生联想和想象，迅速解决所思考的问题。同样，感悟力是掌握知识的武器，感悟力发展水平的高低影响着对知识的掌握。感悟力水平高的人可以通过自己的智力活动，掌握更多的知识，反过来又进一步提高了感悟力。因此，感悟力又是在掌握和运用知识、技能的过程中得到发展的。

大物理学家牛顿由一个从树上掉下来的苹果，感悟出万有引力定律，实际上是因为他已经掌握了大量的物理学知识，并经过对客观事物的观察思考，由此闪现出的一个灵感，豁然醒悟。这种灵性的形式，恰恰是悟性的积累和升华的必然。悟性高的人，往往能做出超越常人的分析、判断和结论，带给人耳目一新的感觉，这本身也是悟性的明智概括，只不过他对生活积累之多和对客观事物的感知之快，是一般人难以比拟的。

悟性确有天赋的一面，但它却必须建立在一定的专业基础之上才能发挥更大的作用，单凭悟性立世，虽也偶尔取得一点成绩，却往往只有小聪明而不具备大智慧。离开了专业训练和潜心研究，悟性可能毫无价值。一个不具备乐理基本知识的人，是无法领会交响乐宏大瑰丽的想象力的。

知识是使人聪明的基础、依据和源泉，一个人要想变得更聪明，需要有一个知识的积累过程，没有知识的积累和储存，就不可能产生从特殊到一般的抽象过程。我们认识了杨树、柳树、梨树、杏树、苹果树、橘子树、榆树、桦树，等等，最后才会总结出树的概念。没有知识的积累和储存，我们也不可能正确认识事物的本质属性，也不能去感悟人生，体会生活，体会他人的意图等等。

从古至今，大凡有所作为的人，无不是感悟、醒悟、体悟的典范。悟性是一个人聪明才智的表露，而这种表露的基础是不断学习、分析、举一反三、融会贯通。因此，我们只有努力学习，善于思考，从生活中找灵感，以生活养灵性，才有可能成为悟性较高的人。

善于对信息主动地辨析与转化

悟性是一种直觉，一种通过非理性的方式，从瞬间的感觉跳跃到事物未知部分的能力。正如一个侦探可以根据房间里出现的一枚脚印，立即判断出此人的其他体貌特征。而古生物学家往往能根据一块骨化石，判定那是什么时候的什么动物。历史学家的悟性也一样，它一头连着不可再现的过去，一头连着本人深厚的人生经验。

清朝宫廷女官德龄在回忆录中提到：摄政王载沣在家中学时髦，穿西装，它把白衬衣露在西装外面，得意地走来走去，一直穿了多日而没有感到有何不妥。一位近代史学者从中悟及此人智商不高，进而判断他治国能力低下。

据蒋介石晚年的私人秘书回忆：蒋介石在刚到台湾不久，就托人在日本买了房子。仅此一个细节，人们就可以悟及许多意在言外的东西，例如：他对保住“台湾”的不自信、他与日本的特殊关系，以及他的情感世界，等等。

悟性的来源在于对信息的主动探究，探究包含了两个必不可少的因素，一是对观察对象的感知；二是对信息感知的理解，即透过表面现象看本质。“一叶落而知秋临”“窥一斑而知全豹”，全在于理解。理解是以现象为素材，以已有的知识为工具，以分析、研究、归纳思考为手段，从而加深探究的程度，去感悟发现置于现象之后的事物的深层原因和意义。

做什么事都要有悟性，而悟性的高低因人而异，并且与人的受教育程度不成正比。但接受教育的程度可以片面反应你这个人的悟性的高低，即悟性反应在人的学习能力上。

悟性对一个人的成长有着至关重要的作用，不论你从事哪个行业，从一无所知到这个行业的一分子，这个过程之中就是要不断学习、不断获取知识，才能真正了解、熟悉所从事的行业，才能得心应手，才能有所成就，但并不是每个人都能成功，主观决定于你的悟性、态度，而客观就决定于机会、关系。如果我们再仔细分析就会发现，悟性是主观中的客观，态度是主观中的主观，机会是客观中的客观，而关系就是客观中的主观，简单而言，你的存在或许可以决定态度和关系，但不能决定你的悟性和机会。

悟性就是一个人对信息（我们将知识、经验和消息统称为信息）的获取能力并能把它转化自身行为指导的一种能力。一个人要想有良好的悟性，首先必须有良好的记忆力，以不断获取新知识而用于实践，这也就相当于电脑中强大的硬盘存储量，而记忆力主要决定于你的生理因素。因此，有些人记忆力强，而有些人就很弱。其次，如果你有良好的记忆力，就应该不断利用你的存储空间主动获取信息，而这其中学习、沟通交流是重要的途径之一。通俗地说就是熟能生巧。古今中外许多伟人就是有很强的学习能力，古语也讲：熟读唐诗三百首，不会做来也会吟！这就解决了悟性的来源问题。

日常工作中，领导经常要求下属要与其他部门、同事多沟通，沟通过程就是对信息的积累，而主动沟通就是主动积累。而当哪一天领导布置你一项任务时，当一听到做什么，你就会了解这项任务的背景，不需领导多言，做出的计划方案非常适合领导的意图（有些领导的表达能力很差，或许他根本就没办法把他的或他的上级想法表达出来），他就会认为你的悟性很高。

悟性是一种对诸多因素的综合判断、理解、分析能力；悟性是一种学识、经验、信息积累的思想闪光。

悟性的来源如此，真正要变成自己的思想，还需一个转化的过程，而这个过程的决定因素是复杂的，还取决于其他方面。

乐于对事物不断地观察与探索

悟性从哪里来？悟性来自花、树、风、雨……

悟性从哪里来？悟性来自水、天上、地下……

悟性从哪里来？悟性来自每天接触过的事物。

悟性从一首歌来，悟性从一句话来，悟性从一句诗来，其实悟性时刻都在你身边，只要认真仔细寻找，只要你认真过好每一天，你随处都可以找到它。

也许是轻松的洗澡会引发思维的自由联想的缘故，好几个科学家在浴室里享受到创造性思维来临的喜悦。阿基米德在洗澡时发现了浮力定律，发现了识破在黄金做的皇冠中掺假的办法。另一个化学家在洗澡时，意外地发现了在实验中沾染在身上的一种鲜艳的染料染红了满缸的浴水，这种染料后来被应用于洋流方向的研究。

有位儿童商品生产商，偶然看见一个家长一手抱孩子，一手吃力地拿着一辆小三轮车。他猜想这是因为孩子骑车骑累了要大人抱，才出现了这种情况。这位生产商想，如果设计一种多用童车，家长们就不用挨这份累了。他首先想象把坐式推车和三轮童车组合起来，在小三轮童车的后面加上一个推把。后来，他又想到加一个连接装置，把童车挂在自行车上作母子车用；接着他又想到，再加上一个摇动部分，便可当安乐椅；而若是前面再装一个把手，还能让孩子当木马骑。经过这些不断地组合想象，他终于设计出了与众不同的“多用童车”。

英国有个叫吉姆的小职员，成天坐在办公室里抄写东西，常常累得腰酸背痛。他消除疲劳的最好办法，就是在工作之余去滑冰。冬季很容易就能在室外找个滑冰的地方，而在其他季节，吉姆就没有机会滑冰了。怎样才能在其他季节也能像冬季那样滑冰呢？对滑冰情有独钟的吉姆一直在思考这个问题。想来想去。他想到了脚上穿的鞋和能滑行的轮子。吉姆在脑海里把这两样东西的形象组合在一起，想象出了一种“能滑行的鞋”。经过反复设计和试验，他终于制成了四季都能用的“旱冰鞋”。

生活中，大自然中，到处都隐藏着秘密，到处都有发现的机会，天天是发现之时，处处是发现之地。如果我们善于观察，小心地捕捉奇怪的现象，努力用理论去说明它，寻找它的原因，更多的人也能做出自己的发现。

二　悟性源于有针对性的沉思默想

孟子说："心之官则思，思则得之，不思则不得也。"悟性来自于心的思考。悟性的开启会带来思维上的升华，这种升华的思维会产生一系列的结果，比如：一种新思想的确立，一项重大发明的产生，一种最易通往成功路径的发现，等等。但悟性的开启不是面壁时的顿悟，而是来自于一个人对事物的不断思考，思考得深入、深刻，悟性自然产生。

从质疑旧观念开始

怀疑本身就是思考的深入，不怀疑不能见真理。能怀疑才能醒悟错误。

如果我们说，天下乌鸦一般黑，绝大多数人可能对此并没有什么异议。

"没错，打小爷爷就告诉我们啦。"

"对呀，文学作品中也是这样描述的。"

事情果真是这样吗？其实并不尽然，世界上有不少地方都发现了白乌鸦。

我们之所以认为世界上没有白乌鸦，原因是“爷爷告诉的”、“书本上写的”……这些旧观念，在我们头脑中形成了一种思维定式，这种思维定式就是对旧观念深信不疑，一叶障目，忽视了客观世界的复杂奥妙，那里还会发现白乌鸦呢。

因此，对旧观念产生怀疑，深入思考并跳出思维定式的框框，开阔视野、创新思路，对我们掌握事物的本质将大有裨益。

问题转换破解难题

人生活在这个复杂的世界上，总会遇到各种各样的问题，这些问题就像影子一样，怎么也挥之不去，令人焦头烂额，烦躁不安。

怎样才能轻松自如地把它们打发掉呢?

方法有很多种，“问题转换”便是其中一招。这一招就像武功一样又分三式。

请看第一式：将不能办到的问题转化为可以办到的问题。

为了简单明了，还是举例说明。

西汉时，孙宝担任京兆尹。

有一次一个乡下农民进城，不小心在慌乱中碰翻了一个卖油炸馓子的摊儿，馓子掉在地上，摔了个粉碎。地上有多少个馓子，已没法数清。

农民认赔50个馓子的钱，可卖馓子的坚持不干，说他的馓子有300个左右，赔50个，没门!

二人争得面红耳赤但毫无结果。

围观的人很多，光看热闹，却想不出一个解决纠纷的办法。

孙宝正好经过这里，大家便请他来处理。

孙宝叫手下人买来一个馓子，并称了重量，然后又叫手下人把地上的碎馓子都收起来，称出它们的重量。他用这些碎馓子的总重量除以一个的重量，得出了馓子个数，最后他叫农民按这个数赔给小贩钱。

孙宝对这件事的处理，众人无不称赞，卖馓子的小贩也佩服得五体投地。

孙宝利用的就是将不可能办到的“馓子个数”问题，转换成了“称馓子重量”的可以办到的问题，使纠纷圆满解决。

第二式：将复杂的问题转换成简单的问题。

大发明家爱迪生有一次叫他的助手阿普顿去测量一个电灯泡的容积。

阿普顿是美国一所大学数学系的毕业生，他对着灯泡量了又算，算了又量，一个多小时过去了，算得这位大学生满头是汗仍“只算好了一半”。

爱迪生教他说：“你往灯泡里注满水，然后把水倒进量杯，不就可以测出灯泡的容积了吗?”

阿普顿恍然大悟，如同梦醒。

爱迪生将复杂的“测量灯泡容积”的问题，转换成“看量杯刻度”这样一个简单的问题，使问题得到轻而易举的解决。

第三式：把自己生疏的问题转换成熟悉的问题。

19世纪末，法国园艺家莫尼哀想设计制作一种牢固坚实的花坛。

可是如何设计制作花坛，他一窍不通。作为园艺家，对植物他了如指掌，于是他将花坛的构造转换为自己熟知的“植物的根系”来思考：盘根错节的植物根系，因为牢牢地和土壤结合在一起，才使植物枝繁叶茂茁壮成长。他把土壤转化为水泥，植物的根系转换成根根的钢筋；并将土壤包裹根系，转换成用水泥包裹钢筋。通过反复演练，不仅制成了坚实牢固的新型花坛，而且在建筑史上起着划时代意义的新型建筑材料——“钢筋混凝土”，也由这个建筑业的门外汉发明了出来。

以上我们所举的三个例证都是与开启和调动人的悟性有关系的，可以说是悟性的新角度、新层面、新概念的引入和发现。

从自设圈套中挣脱

夜静得连雾在荷叶上聚成露珠的声音都听得清清楚楚。而刚的心却怎么也不能平静，眉头拧成一个大疙瘩。这个讨厌的小王！

白天同事小王和刚打赌，说刚不能将10个花生米放在三个碗里，而且每个碗里都必须是单数。刚赢，他请客，刚输，刚做东。

倒不是在乎几个钱折腾到半夜，是赌气。不呆不傻，又是有文化的人，能让这种题给憋住？

可这道看似简单的问题并不简单，在桌上并排放着的三个碗任刚怎么把10个花生米摆来摆去，总有一个碗里是双数。不行，明天得跟小王说，这是不可能的！

第二天，小王冲刚一乐，“其实这并没什么难的，我告诉你结果前，先给你讲个故事。”

刘备三顾茅庐终于请来了诸葛亮，并任命他为军师，统领三军。

张飞左左右右、上上下下打量着他，第一个跳出来喊不服气。

诸葛亮手摇飞羽扇，面带微笑，不慌不忙地对张飞说：“三将军，你有力气，还是我有力气？”

“当然是我有力气啦。”张飞挺生气。

“三将军，一个巴掌有劲呢，还是一个指头有劲?”

“当然是巴掌啦!”

“我的一根指头比你的巴掌还有劲呢!”

张飞看了看自己蒲扇大的巴掌生气地说：“我不信!”

“好，好。三将军你用巴掌我用指头，看谁先把地上的蚂蚁打死。”

张飞用足了力气，拍肿了巴掌也没把蚂蚁拍死，而诸葛亮呢，手指轻轻一摁，蚂蚁便死了。

张飞连忙拱手抱拳，“军师力大无穷，真乃神人也!”

为什么会出现上面的情况呢?

原因是诸葛亮并没有骗张飞，而是张飞自己脑子中的“想当然”束缚住了自己，他给自己设置了一个个思维障碍：“我张飞比你诸葛亮有力气”“巴掌比手指劲儿大多了”。满脑子被这种念头充斥，没有深入思考，没有醒悟过来，结果拱手臣服也自在情理之中了。

因此，我们如果想在事业上更胜一筹，就应该从“想当然”这种自设的圈套中解放出来，摆脱这种“八卦阵”的束缚，用一种全新的灵活的方式方法，处理各种棘手的问题。

通过改变思考问题的角度，刚马上恍然大悟，很快找出了解决问题的方法：

把三个碗中的两个合一起，就出现了下面三种答案：1:9；3:7；5:5。

就这么简单。当然，小王也不用请客了。

这不能不说是人的感悟力发生作用的结果。

三　悟性源于思维方式的灵活变通

悟性是人对事物的分析和理解能力。而事物总是处在不断地发展变化之中的，如果一个人的思维总处在一成不变的范式之中，那么就很难对事物做出深刻的理解和判断，那也就说明这个人的悟性很差。只有悟性高的人才能根据事物的变化不断变换自己的思维方式，准确把握其发展的脉络。思维方式的变通更易产生悟性灵感。

逆向思维，出奇制胜

逆向思维是悟性中的一种思维方式。逆向思维也叫求异思维，它是对司空见惯的似乎已成定论的事物或观点反过来思考的一种思维方式。敢于“反其道而思之”，让思维向对立面的方向发展，从问题的相反面深入地进行探索，树立新思想，创立新形象。当大家都朝着一个固定的思维方向思考问题时，而你却独自朝相反的方向思索，这样的思维方式就叫逆向思维。人们习惯于沿着事物发展的正方向去思考问题并寻求解决办法。其实，对于某些问题，尤其是一些特殊问题，从结论往回推，倒过来思考，从求解回到已知条件，反过去想或许会使问题简单化，使解决它变得轻而易举，甚至因此而有所发现，创造出惊天动地的奇迹来，这就是逆向思维和它的魅力。

例如“司马光砸缸”，有人落水，常规的思维模式是“救人离水”，而司马光面对紧急险情，运用了逆向思维，果断地用石头把缸砸破，“让水离人”，救了小伙伴性命。

第二次世界大战后期，世界战争形势发生根本性转变，德国希特勒的军队全线溃败，最后退到德国首都柏林，负隅顽抗。同盟军决定全线出击，痛打落水狗，从而取得二战的最终全面胜利。

指挥这场战役的是苏联著名军事指挥家朱可夫元帅。

这天晚上，苏军本来想利用黑夜作掩护向德军发动突然袭击。

但非常不巧的是，那天夜里天上偏偏星光闪烁，大部队出击很难做到高度隐蔽而神不知鬼不觉。难道为此而改变这次作战计划吗？

朱可夫元帅独自一人紧皱眉头，慢慢地踱着步想：利用黑夜进攻，是为了让部队具有高度隐蔽性。所谓隐蔽，就是不让德军发现苏军，可这种利用黑夜让德军什么也看不见的做法，显然不能奏效。又有什么办法能达到同样的目的呢？想着想着，朱可夫灵机一动，有了！他立即发布命令，将全军所有的探照灯都集中起来，在向德军发起进攻时，苏军的140台大型探照灯同时射向德军阵地。

极强的亮光把隐蔽在防御工事里的德军将士照得睁不开眼，什么也看不见的德军，完全处于被动挨打的局面而无法还击。苏军以迅雷不及掩耳之势，突破了德军的防线。

朱可夫元帅利用逆向思维创造了世界军事史上著名的战绩。

中国载人航天工程的总设计师王永志在航天领域走了三大步：

导弹——火箭——飞船。他参与主持的六种新型火箭首发无一败绩；他主持研制了中国的第一枚大推力捆绑火箭；1999年11月20日，他主持设计的中国第一艘飞船“神舟1号”从酒泉发射场起飞，绕地球转了15圈后成功返回，在中国航天史上树起了新的里程碑。

王永志在科研中善于进行逆向发散思维。1964年6月29日，王永志第一次走进戈壁滩，执行发射中国自行设计的第一种中近程火箭任务。试验发射时，火箭射程不够。专家们都在考虑怎样再给火箭肚子里多添加点推进剂，可无奈火箭的燃料贮箱有限，再也加不进去了。正当大家绞尽脑汁想办法时，一个高个子的年轻人站起来说：“火箭发射时推进剂温度高，密度就要变小，发动机的节流特性也要随之变化。经过计算，要是从火箭体内泄出600公斤燃料，这枚火箭就会命中目标。”

大家的目光一下子聚集到年轻人的面孔上，提出此见解的只是一个中尉——在座中的最低军衔的人。在场的专家们几乎不敢相信自己的耳朵，但这的的确确出自中尉之口。有人不客气地说：“本来火箭射程就不够，你还要往外泄？”于是再也没有人理睬他的建议了。

王永志并不就此甘心，他想起了坐镇酒泉发射场的技术总指挥、大科学家钱学森，于是鼓起勇气走进了钱学森的住房。当时，钱学森还不太熟悉这个“小字辈”。可听完了王永志的意见，钱学森眼睛一亮，高兴地喊道：“马上把火箭的总设计师请来。”钱学森指着王永志对总设计师说：“这个年轻人的意见对，就按他的办！”

果然，火箭泄出一些推进剂后射程变远了，连打三发，发发命中目标。从此，钱学森记住了王永志的逆向思维法，也记住了王永志。30多年后，总装备部领导去看望钱学森，钱老兴致勃勃地说："我推荐王永志任载人航天工程的总设计师，没有看错人。他年轻时就崭露头角，大胆进行逆向思维，和别人不一样。"

与常规思维不同，逆向思维是反过来思考问题，是用绝大多数人没有想到的思维方式去思考问题。运用逆向思维去思考和处理问题，实际上就是以"出奇"去达到"制胜"。因此，逆向思维的结果常常会令人大吃一惊，喜出望外，另有所得。

类比思维，触类旁通

类比思维法就是根据两个对象在一系列属性上相同或相似，由其中一个对象具有某种其他属性，推测另一个对象也具有这种其他属性的思维方法。类比思维是典型的触类旁通，悟性高的人常用此法判断事物。

据《战国策·齐策》载，邹忌身材魁梧，长相颇好。一天早上，他穿衣窥镜，问妻子说：吾与城北徐公谁更漂亮？妻子回答说：你漂亮得多，徐公远赶不上你。城北徐公，是齐国有名的美男子，邹忌对妻子的话不大相信，又去问自己的妾，妾回答他说：徐公哪能比得上你呢？一会儿，来了客人，谈话之间，邹忌又以同一问题问客人，客人告诉他：徐公赶不上你的漂亮。

第二天，徐公来到家中，邹忌视之良久，觉得自己还是不如徐公漂亮，对镜自视，觉得自己相差甚远。晚上躺下后他思考说：我妻子说我漂亮，是偏爱于我；妾说我漂亮，是畏惧我而不敢实说；客人说我漂亮，是有求于我而投我所好。

由这件事情，邹忌悟出了治国方面的一个深刻道理，于是入朝对齐王讲："臣诚知不如徐公美，臣之妻私臣，臣之妾畏臣，臣之客欲有求于臣，皆以美于徐公。今齐地方千里，百二十城，宫妇左右，莫不私王；朝廷之臣，莫不畏王；四境之内，莫不有求于王。由此观之，王之蔽甚矣!”他启发齐王鼓励臣下对朝政提出公开批评，以避免被人蒙蔽。

三个人都说邹忌长得比徐公漂亮，这本是生活中微不足道的琐事，但邹忌却由此通过比喻联想，悟出了关于君王易受蒙蔽的深刻道理。邹忌所以能在认识上实现这一飞跃，首先在于他能尊重客观现实，如实看到自己不如徐公的实情，从而发现三人言论的荒谬性。其次还在于他有强烈的政治意识，他身为相国，一些治国的题目时时萦绕在他的脑际，这使他常常把任何问题都和治国相联系，极易产生事理的转移，形成认识上的升华。另外，邹忌联想丰富、悟性高超而又思维周密，优越的个性素质为他完成事理的恰当转移提供了保证。

人们对事物的反应总是受到复杂的社会因素的干扰，着眼于这一情况，邹忌细致地分析了在论美一事上荒谬言论所以发生的各种不同原因。要评价一个地位优越的人物，有些人可能因为感情因素而不见其丑；有些人会因为地位卑下而不敢言丑；有些人会因为个人需要而投好讳丑。于是，地位越高，受人蒙蔽的可能就越大，据此，高层领导人将是社会上最易受蒙蔽的人物，而鼓励臣下如实反映情况、公开批评朝政，就成了他们消除蒙蔽的重要手段。

邹忌不仅善于从小事中悟出大道理，而且善于以自己的某种认识感悟君王，对其进行事理上的启发。他对齐王讲自己家中发生的论美一事，就是对齐王纳谏的直接启发。齐王在上台之初，荒于酒色，不理朝政。当时邹忌以布衣平民的身份求见，他根据齐王喜好音乐的特点，请求为其弹琴，到了跟前，邹忌抚弦而不弹，齐王问他不弹的原因，邹忌回答说，他所精通的是琴理，于是将琴理与社会政治关系作了一番比较，最后说：“今大王抚国而不治，何异臣之抚琴而不弹乎？臣抚琴而不弹，无以畅大王之意；大王抚国而不治，恐无以畅万民之意也。”齐王受他的启发感悟，当即表示说：“先生以琴谏寡人，寡人闻命矣!”他幡然悔悟，任邹忌为相，开始精心治国。

邹忌在谏君中，首先向对方说明一个生活中的普通事情，讲清其中的事理，这一具体事理浅显易懂，近乎常识，极易被对方接受。然后，他运用类比推理的手段，把这种事理直接用之于治国方面的某一具体问题，启发对方用现成的事理领悟出对待这一具体问题应持有的态度。在运用这种劝谏方式时，他事理清楚、类比得当、启发巧妙，使对方从小事中悟出大道理，产生认识上的深化，这一切表现了他机智灵活的思维方式。

运用类比法得到的结论具有或然性，不能确保正确无误。为了使结论有较高的可靠性，在运用类比法时，进行类比的两个对象应具有较多的共同属性，它们的共同属性与被推断的属性之间应有较密切的联系。

换个角度，柳暗花明

过去有句古话，叫“一巧破千斤”。一千斤的重物，任我们是个彪形大汉，也不能将它搬起移走，但用“巧”就不一样了，比如在它的下面放上轮子，用杠杆，用滑轮等都是用“巧”。

对于现实中出现的问题，我们也应该如此用“巧”——用一种全新的视角去研究和分析它，最后事半功倍地圆满解决它。

美国著名科学家沃森，年仅20岁时，对生物化学和量子化学都很有兴趣，并做过一些研究，还系统地听过关于核酸和蛋白质的专题讲座。

英国的克里是一位学识和经验都极丰富的物理学家，同时他也对生物学研究兴趣颇浓。相同的爱好使他们走到了一起。

广阔的科学视野和知识背景，给他们创造了优越的条件，能够用一种全新的角度去审视和探索生物的奥秘。

他们从一开始建立DNA大分子的模型时，就和其他的科学家截然不同：其他科学家只在自己专业范围内从单一的途径去进行研究，或者只局限于DNA的化学结构本身来研究DNA，他们却始终把功能和各种综合信息结合在一起去探索DNA的结构。

他们这种用全新的角度——通过DNA大分子的模型结构及其活动特点，来研究和描述生物“自我复制”的遗传行为的做法，本身就是一种空前的大胆的创造。

他们找到了迅速获得成功的捷径，在短短的18个月里，便成功地创造了DNA大分子的双螺旋模型。

也就是这两个生物学界的无名小辈，将本来走在前面的一批著名科学家远远地抛在了后面。

不知看过这样的魔术没有，通常这样的魔术是马戏团的保留节目，具体操作如下：

魔术师拿出一只箱子，经观众检验后，让舞台上的一个少女钻进去，然后把箱子吊起来，这时魔术师打开吊着的箱子两端，分别露出少女的头和脚，然后魔术师用锯子从箱子的中间锯下去，直到锯成两半为止。最后，少女从箱子里笑吟吟地走出来而且毫发无伤。这是怎么一回事呢？

观众明知魔术是假的，可又看不出假在哪里，难以得知其中奥妙。在我们知道答案之前，先谈谈角度转换对观察事物的影响。

（1）事物自身都有不同的侧面，从不同的角度去看它，它所呈现给我们的形象各不相同。比如我们走在大街上，看到前面一个身材非常苗条的姑娘，信步款款，一头靓丽的长发瀑布般飘泻下来，春风轻拂，丝丝缕缕的秀发弥散过来阵阵清香，引起我们极大的好奇，心想，前面这位准是一位绝色佳人。当我们急赶几步超过她去，回头一看，不禁兴致全无：原来此人面有烧伤。其实人与物同，很多事物也是如此。

（2）世上的万事万物都不是孤立存在的，它们都是矛盾世界的一部分，都与周围的其他事物产生着千丝万缕的联系，研究甲事物，可能从它周围的乙事物中找到切入点。

英国著名的侦破推理小说《福尔摩斯探案集》中，曾描述过这样一个情节：在勘查一个作案现场时，有一条狗总是静静地卧在那里，助手华生见它很安详什么也没干，便认为与案件无关，完全忽略了它的存在。福尔摩斯根据嫌疑人的心理和意图思考分析后认为：狗是不易安静的动物，尤其是生人出现的时候，它能够长时间地静卧，本身就是一种反常，它很可能是作案人有意掏的鬼。后来的事实表明，福尔摩斯的判断是非常明智和正确的。

（3）事物的发展趋势一般都存在很多可能性。一般人观察和思考事物，大都会着眼事物发展趋势的比较明显的特征，因为它容易被看出来。我们管它叫常规角度。对于很难注意和捕捉的事物发展趋势的不明显的可能性，就要采取非常规的角度来观察和认识了。

因为这方面的例子很多，您可以自己去回想一下自己所经历的事，就会很快明白。

掌握了角度转换的方方面面，对我们了解和利用事物的本质，找到处理各种复杂问题的突破口，提高我们的工作效率将产生深远的影响，对培养自身的感悟力帮助巨大。

经过了上面的几点启示后，我们现在可以揭秘魔术师巧锯活人的答案了：

实际情况是，箱子的下面有块活动的门板，或者说是条暗道。观众检查完箱子后，另一位少女经暗道悄悄地潜入在箱中。箱子露出的头和脚，实际上已是两个少女了。魔术师的锯子并没锯到少女的身上，而是她们两个人的中间。这个魔术的秘诀就是利用人们视觉上的疏忽或错觉。

对于一个事物或问题，从众多的全新的角度去观察它、思考它，求得对它有一个更深刻更全面的认识，将会为最终解决问题找到更好的方法。

无中生有，弄假成真

俄罗斯著名的科幻小说家诺卡切夫具有非凡的想象思考能力。他在直升机、雷达、导弹、坦克、电视机、潜水艇等出现之前，早就想象出了这些东西，并在自己的小说里有所提及。第二次世界大战初期德国人制造的潜水艇，基本上与诺卡切夫小说中所描写的一模一样。更令人惊奇的是，一百多年前，他曾在一部科幻小说中预言：美国佛罗里达州将设立一个火箭发射点，在此发射飞往月球的火箭，他还想象出了飞行员在太空船里失重的情景。而一百多年以后，即1961年，美国真的在佛罗里达州发射了第一艘载人太空船。

据说，诺卡切夫一生很少外出。而他那充满智慧的大脑之所以能想象出如此众多的当时并不存在的东西，靠的就是无中生有思考法。

无中生有思考法是指根据所掌握的知识和经验，根据已有的丰富的形象积累，在头脑中构成当前还并不存在、而以后却可能产生的、能体现某种思想或愿望的事物形象。

无中生有启发着人们的聪明才智，许多科学发现和发明都是从大胆的预示、想象开始的。诺卡切夫的小说《飞向月球》，描写了几个美国冒险家乘坐一颗空心炮弹到月球去探险的故事。书中想象他们没在月球上着陆，而是在离月球两千八百里的地方围绕月球运行。这样的想象，令俄国科学家卡尔斯基大受启迪，据此提出了火箭飞行的科学理论。后来人们把火箭实际运用于太空船，就是在卡尔斯基这一理论的基础上实现的。

在创新活动中，无中生有是非常重要的条件。人在改变客观现实的实践活动中，必须想象自己行动的后果和在实践过程中可能遇到的种种困难，然后朝着目标，按照想象中的前景和结果一步步实践、操作。

有一个古代的传说故事，讲的是在西周时代，有个名叫堰师的人造出了一种机器人。它的外表酷似真人，而且“能歌善舞”。堰师将它献给了周穆王。有一天，周穆王和妃子们坐在一起观赏机器人跳舞。表演快结束时，机器人还斜着眼睛挑逗起妃子来。周穆王勃然大怒，堰师连忙解释道：“这是机器人啊！”说罢，拆开机器人让大王细看。周穆王看后转怒为惊，赞叹不已。堰师造机器人的事只不过是几千年前《列子·汤问》里记载的传说，不一定确有其事，但从中所显现出的中国古人丰富的想象力却着实令人叹服。

现在，堰师所向往的“机器人”已经变成现实。1958年，美国研制成了能模拟人手部分功能的机器人，即第一代机器人。目前国内外研制出的机器人已具有许多人工智能．模样也逐步与人类的形象接近。科学家们正积极研制更高级的机器人。过不了多少年，能够代替人类的体力劳动和脑力劳动的机器人就会广泛地应用于社会生产和人们的生活中。

换位思考，另辟蹊径

站在对方的角度进行换位思考，就能做到知彼知己，许多问题就会迎刃而解。在苏联攻打柏林的战役中，有这样一段故事：

苏军朱可夫元帅的坦克部队即将攻到柏林城下，这时后续部队还没有跟上来。这种状况很容易使兵临城下的坦克部队失去必要的后勤保障。朱可夫元帅向自己的部下——坦克集团军司令员卡图科夫说："如果你是德军的柏林城防司令，那么现在你会怎样对我采取行动呢?"卡图科夫想了想，回答说："那我就用坦克从北面攻打，切断你的进攻部队。"

卡图科夫站在敌方的位置上，想象出敌方可能会采取的行动，这也正是朱可夫司令的想法。于是，朱可夫命令第一坦克集团军火速向北开进。实际情况果然与他们想象的一样，德军的侧翼部队正在这一带蠢蠢欲动，企图切断苏军的进攻部队。幸好苏军行动及时，歼灭了德军的侧翼部队，最终使攻克柏林的战役取得了胜利。

朱可夫元帅的神机妙算包含了一种重要的思考方法——换位思考。

换位思考是指，设想自己处于某个人的地位上或某件事的环境中，通过揣摸其人的思想感情或其事的具体情景，以谋求获得解决问题的办法。

想象的自由度很大，可以站在自己的地位上想象，也可以设想自己身处他人的境地加以想象。换位思考正是利用了这一特点，以寻找解决问题的途径。

换位思考在军事思考中获得成功的战例有很多，应用范围非常广泛，不只局限在军事上。有家药厂规定，本厂人员生病，要先吃本厂的药，以此来增强职工的质量意识，教育职工为病人着想。在近年来市场上假药泛滥的情况下，这种以病人为重的想法和做法实在难能可贵。

在创新思考中，换位思考应用了对立统一的规律。作为矛盾的一方，思考者自觉地将自己置于矛盾的另一方面进行完全想象，矛盾也就容易得到解决。如果忽视了这一点，就会带来这样那样的不利后果。以下几个事例正说明了这一点。

日本生产的汽车曾出口多个国家，但在坦桑尼亚却一直打不开销路，而韩国生产的汽车在那里却很畅销。日本制造的汽车质量也不差，那么问题出在哪儿呢？原来，坦桑尼亚的交通规则与亚洲许多国家不同，汽车都靠左行驶。韩国汽车商能很快考虑到坦桑尼亚驾驶员的实际驾车情况，在制造汽车时及时调换了驾驶台的位置。日本的经销人员却忽视了这一点，生意自然也就落入别家了。

无数的事实证明，换位思考的确能产生悟性。

智者创造的机会比他得到的机会更多，换位思考是思考深入的一种重要形式，悟性也将随之而来。

两个以上的事物之间，在空间上具有一定的位置关系，或两两相对，或一上一下，或一前一后，或一左一右……事物的这种位置对应关系，决定着事物的存在形态。相反，改变事物位置的对应关系，同样也会造成事物存在形态的改变。

简单地说，人呈倒立状态，就会出现天空和白云在自己脚下这种感觉；让一个犯了校规的学生坐在校长的办公椅上，校长站在他的对面，犯规的学生会很快认识到自己所犯的错误，他的态度也会比较端正；让一个肇事的汽车司机去医院里当护士，负责照顾被他撞伤的伤员，体会被汽车撞伤的痛苦，对司机今后的安全行车都大有好处。

我们以前见到或使用过的冰箱，冷冻室一直都在冰箱的顶部位置，因为冰箱中冷空气的比重较大，它会自动地自上而下流动，将冷冻室放在冰箱的顶部，有利于冰箱对冷空气的利用。

人们普遍认为这样的设计是合情合理的。

但是，日本夏普公司的科研人员却对此产生了怀疑。因为人们从冷藏室取放东西的次数要比冷冻室的次数多得多，电冰箱冷冻室的位置占据在顶部给人们带来诸多不便，因此它的位置也就不太理想了。

经科研人员分析，可以将冷冻室和冷藏室的上下位置互换，只要能把下面冷冻室的冷空气提升到冰箱的上半部就可解决这个问题。

沿着这样的思路，他们很快想出了解决办法：在冰箱内安上风扇和一些通风管道，通过它们将下面的冷空气提升到上面的冷藏室。

就这样，市场上很快有了更方便实用的冷冻室在下面的新型冰箱。

有句古话："不在其位，不谋其政。"通过上述的例子，我们清楚地知道位置变换了，事物的各种关系和作用也就变了。使"不在其位"的事物，改为在"其位"，更主要的是让它"谋其政"，那么，原有的某种关系也会随之发生变化。位置变化了，也就是原构成事物整体的排列顺序变化了，导致事物本该有的结局也发生出人意料的变化或以人们意志为转移的变化。所以，善于引导事物发展方向的人，往往会自创机会，打乱原有的排列顺序，使结局朝有利于自己的方向发生和发展。

把握规律，殊途同归

认识了事物的规律，针对它的特点和属性，在我们的日常工作中，才能寻找解决问题的更巧妙的办法。

法国著名女高音歌唱家玛·迪梅普莱有一座非常漂亮的园林，奇石秀水，林木葱郁，流水潺潺，鸟鸣啾啾，景色迷人。

为此，引来不少人来这里度周末、采鲜花、采蘑菇、捉蟋蟀、观月亮、数星星，有的甚至燃起篝火，一边野餐，一边唱歌跳舞，余兴未尽者，干脆搭起帐篷，彻夜狂欢。因此，常常把园林搞得一片狼藉，肮脏不堪。

束手无策的老管家，只得按迪梅普莱的指令，在园林的四周围搭起篱笆，竖起“私家园林，禁止入内”的警示牌，并派人在园林的大门处严加看守，结果仍然无济于事，许多人依然通过各种途径用极其隐蔽的方式潜进去，令人防不胜防。后来管家只得再行请示，请主人另想良策。

迪梅普莱思忖良久，猛地想起，园林中不是经常有毒蛇出没吗？直接禁止游人入内不见成效，何不利用毒蛇做篇文章呢？她叫管家雇人做了一些大大的木牌立在园林的显眼处，上面醒目地写明：“请注意！你如果在林中被毒蛇咬伤，最近的医院距此15公里，驾车需半小时。”

从此以后，再闯入她园林的人便寥寥无几了。

人常说，方法总比问题多。只要我们动动脑筋，变换一下思路，总能找到解决问题的有效方法。而解决问题的方法总是跟智力水平的高低联系在一起，不同的人针对同一个问题，其解决方法是大相径庭的，而悟性高的人所提出的方法常常是最高明和最有效的。悟性是通过对事物进行不断的多角度的琢磨和联想而获得的，使自己的思维跳跃到从未有过或达到的境地或高度，由此而揭开事物间隐藏的秘密和规律，进而达到解决问题的目的。

第四章　如何让悟性之光照亮你

我国教育，长期以来多关注对学生智力的开发和培养，很少有人提及对悟性的开启和培养问题，有的人甚至认为悟性是一种虚幻的感觉，是来无踪去无影，不可捉摸的领域，是鬼使神差，不是人的意识，这就更使得悟性这一概念玄虚化、不可认知。其实，悟性作为一种思维结果，是可以认知也可以培养的。

一　悟性与智力相辅相成

智力指的是人们解决问题的能力。悟性指从不相关的事物中发现其中的联系或用直觉方式揭露事物的本质的能力。詹姆斯博士认为：人的悟性是人的能力中层次最高的，也是最难掌握的能力，是多数智力超常的人所具有的特殊才能。无疑，开发智力更能提高悟性，二者相辅相成。

悟性是智商与情商之和

我们知道，智商就是智力商数。智力通常也叫智能，是人们认识客观事物并运用知识解读实际问题的能力。智力包括多个方面，如观察力，记忆力，想象力，分析判断能力，思维能力，应变能力等。智力的高低通常用智力商数来表示，即智商，用以标示智力发展水平。

除了智商，还有情商，也就是情绪商数，是近年来心理学家们提出的概念。主要是指人在情绪、意志、耐受挫折等方面的品质。简单地说，所谓提高情商是把不能控制情绪的部分变为可以控制情绪，从而提升理解他人及与他人相处的能力。

而悟性水平包括感悟力、领悟力等，即一个人的洞察力、联想力、理解力和判断力等。除此之外，悟性水平还包括对自我和他人情感把握和调节的能力，它与社会生活、人际关系、健康状况、婚姻状况有着极为密切的关系。悟性代表了一个人的综合素质，是一个人智商和情商的总和。

悟性的培养离不开对现有理性知识的掌握，没有理性的悟多是幻想和“白日梦”；而我们所讲过的观察力则是强化人们对客观世界的感知即感性知识。尽管感性知识有待于上升为理性知识，但感性阶段却有理性所不能涵盖的内容即想象。

理性思维方式发展较晚，虽然古希腊已有闪光的体现，但真正形成应该是近代科学诞生以后。从哥白尼的日心说到牛顿的三大定律，标志着近代科学的诞生。科学的诞生标志着人类进入理性社会。

人类6000年，为什么前5000多年大都处在农业社会，发展缓慢，而到了近代，在短短的几百年间，发生了一次又一次的技术和产业革命，使人类的生活、生产和工作方式发生了一次又一次的巨大变革。

原来，古代人们的思维方式，往往把本来只适用于情感世界和心灵世界的感性和悟性，用于认识客观世界。比如，天上有太阳和月亮，于是地上就有男人和女人，就有等级和尊卑。所以，“三纲五常”、“君权神授”，便成为天经地义的事情。从现代理性的角度看，这简直是荒唐的逻辑。但它满足了统治者的需要，得到了统治者的认可，并通过权力灌输给所有的臣民。久而久之，不仅得出的结论成为天经地义，这种错误的思维方法也变得无可争议，乃至于至今人们还习以为常。

也就是说，如果用这种感性和悟性来认识外部的客观世界，无论是客观的自然界，还是客观的人类社会，都将产生这样或那样的错误。应该说，这是人类发展过程中难以避免的阶段。问题在于，有的人早已发现并改变了这种错误的思维方式，而有的人则坚持至今，难以自拔。

然而，科学给人类的贡献，不仅是提供了认识客观世界的知识、方法，更重要的是提供了科学的思想、科学的观念以及理性的思维方式。科学告诉人们，大自然是客观存在的，不是神的旨意。大自然有其自身的规律，而且这种规律是可以被认识的。所以，科学意识，最根本的就是规律意识和理性精神：承认规律、尊重规律、认识规律，并把规律上升为科学原理和理论，以指导人们的行动。而规律是事物普遍的、本质的联系，是事物发展的必然趋势。也就是说，规律具有普遍性、本质性和必然性，规律是人类文明的共同成果。科学导致人类进入了理性社会。从非理性社会到理性社会，是人类文明史的伟大转折点。正如康德所说，理性“把光带进人类意识的黑暗角落”。

新的世界观和思维方式给同时代的知识分子以深刻的印象和强烈的共鸣。其伟大意义在于，它波及人文科学领域，唤起人们用理性的眼光重新审视人类社会的秩序，引起了一场人类文化观念的革命！像一束耀眼的光芒，照亮了整个人类社会。

从此，科学“把一切现成的东西都放在‘理性’的审判台前接受审判”。从约翰·洛克的《政府论》到法国启蒙运动，从潘恩的《常识》到美国独立宣言，从美国宪法到法国人权宣言，等等，都是“理性”审判台对现成的东西审判的结果。

我们需要理性，但不能用理性去认识一切领域，也不能用理性去解决一切领域的问题；同时，我们也需要感性，感性则是探索情感世界秘密的思维方式，感性是基于感觉，以感生情，以情生感的具象思维或形象思维。

如果说，理性讲的是事实，追求的是真，那么感性则不必拘泥于事实，追求的是一种美，一种愉悦感，以让人愉悦为标准，如果这里也有“真”，那是情感的真，真心实意地让对方高兴。

如果说理性讲的是严密的逻辑，那么感性讲的则是浪漫的想象，讲的是形容、比喻、夸张，以美为准。

如果说，理性强调对客观的认识，感性则更强调主观的感觉，更强调情感，特殊性，个性；更情绪化，使人富有激情；其思维方式是具象或形象思维，比如形容、比喻、夸张，等等，其精髓是美。感性更属于艺术的世界。

具体地说感性是感觉、直觉、表象等诸层次，具有直接性、具体性、生动性、多样性等特点。

科学的理性必须是清清楚楚，源于自我的感性可以朦朦胧胧，而由理性、感性而升华的悟性往往是玄机重重，是一种超现实的思维方式。

有一次，一位外国的重要客人圆满地结束了对我国的正式友好访问后，决定从上海取道回国。为了表示中国人民的友好情义，有关方面在上海一家著名的豪华饭店举行了隆重的欢送宴会。

出于对贵宾的尊重，宴会上动用了极其珍贵的九龙杯。这种酒杯除做工精美、质量上乘外，平时还看不出其他特别之处，然而斟上酒后，杯子盘旋的龙嘴里衔着的一颗珍珠便会骤然发亮，甚是奇异。

这位尊贵的外宾不但赞不绝口，连声“OK”，而且还爱不释手，可能是已有了醉意，竟顺手将一只放进了他的公文包。

此事令我方接待人员颇感为难，这套九龙杯堪称国宝，全套36个，少了一个，那可真是太可惜了。

当时我国的一位领导人正在上海，听了汇报后他批示，一定要将九龙杯追回来，但不可轻率行事。究竟怎么做才好呢？

他思考了一会以后，询问当天晚上有什么接待活动，负责人回答："看中国的杂技表演。" 这位领导人听了感到这是一个机会，心里马上悟到了一个好办法。

晚上魔术节目表演开始，只听一声枪响，桌上放着的三个九龙杯突然少了一个，正在观众大感惊讶的时候，只见魔术师微笑着走到外国客人面前，彬彬有礼地对观众说："我把那只珍贵的九龙杯变到尊贵客人的公文包里了！"那位客人只得将公文包打开，让魔术师取出了九龙杯。

这时场内观众掌声雷动，就连那位外宾也跟着一起鼓起掌来。

没有悟性，能够如此妥当的处理这样一个棘手的问题，是不可想象的。这里出一道数学题，我们试着做一做：

一位老汉在分家时，欲将他的17头牛分给他的三个儿子。因老大为家里吃的苦最多，贡献最大，所以决定分给他1/2；次子的贡献比长子稍逊，分给1/3；三子刚刚成年，还未给家里效力，但毕竟也是家庭一员，因而给他分1/9。计划是计划了，但怎么分法？却成了难题，因为17既不能被2整除也不能被3或9整除。一时间，分牛成了困扰老汉和三个儿子的心事。

但这看来是不可能的事情，却被村里一个少年解决了，这用一般的数学原理是解不开的，少年的思维感到了这一点，既然如此，变通一下可不可以？即：先借一头牛，凑成整数18，长子分1/2得9头，次子1/3分得6头，小儿子1/9得2头。

9+6+2=17，多出的一头牛再还人家。

这个方法不是缘于规律或定律，而是悟出来的，是智慧超卓的表现。

生活中，我们常常用悟性的高低来衡量一个人智慧的大小、智商的高低。确实，悟性就像一个人思想的翅膀，悟性越高，翅膀就越有力量，也就飞翔得越高、越远。

悟性是一种学习、理解的能力，而这个学习、理解的对象不只是事物表象，更应该表现一种隐藏在现象里边的深层规律（一种既非逻辑推演，也非实验证明的概念、要领、经验）。悟性可养而不可训，因而悟性的培养既不是靠死读书，也不是靠苦想，而是靠触类旁通，靠想象得到。培养悟性要达到“踏破铁鞋无觅处，得来全不费工夫”这一最高“悟境”，在理解事物的过程中，首先就要做到由浅入深，融入自我。

悟性推动智力发展

智力开发包括发展智力、掌握知识技能两个方面。单纯灌输知识机械地背，容易抑制人的智力发展。如果不从掌握知识技能来发展智力，搞单纯的智力训练，也只能是一种训练的游戏，没有更多的价值。因此在开发智力的过程中，必须处理好知识与智力的关系。智力是在掌握知识的过程中形成和发展的。掌握知识，理解知识，离不开悟性的参与。不懂，不明白，就谈不上掌握知识，离开了掌握知识的过程，即对知识的领悟和体会过程，智力就是无源之水，无本之木。

例如，狼孩因没有掌握人类知识的过程，所以不具备人类意义上的智力，他有狼一样的生活能力，却不具备人的思维能力。又如一对双生子，出生后不久，一个生活在密林中，一个生活在大城市，他们长到四岁时，林里的孩子被发现，身体强壮而智力水平差些，因为林里孩子文化知识少，感悟知识，领会知识的机会也少。

在学习知识的过程中，智力能否顺利发展，还要看传授知识是否全面，方法是否得当。如果片面地学习某一方面的知识，而忽视其他方面的知识，则不仅不能促进智力发展，甚至会妨碍智力发展。所学所掌握知识是否全面，关系到融会贯通能力的培养，关系智力水平的全面提高。

如有的孩子学会了加、减、乘、除甚至乘方、开方运算，但不一定表明是智力高度发展。因为这是一种在多次练习的基础上形成的熟练运算，中间缺少创造性和思维成分。如对一个6岁的儿童进行测验，可以说明这一点。他可以做多位数加减、乘除、乘方、开方运算，在符合速算法则的范围内，计算速度很快，超过具有大专程度的人，如给他一张同年级学生期末考试卷，其答卷速度和同年级的优等生差不多。而对他进行记忆广度、图形知识、智力游戏等测验，则成绩和同龄儿童基本一样。综合各项指标说明，该儿童只是在算术方面接受了大量速算法的训练，表现异常，在其他方面与同龄儿童差不多。由此可见这种训练对智力有好处，但长期停留在这一点上，不仅不能促进智力发展，而且会形成智力发展的障碍。

如有一个11岁男孩子，随机给他1880年~1950年时期的任何一天，他能立即说出是星期几。他的加法更惊人，10到12位数相加，只要数字一念完，他马上就能说出答数。但他的一般知识却不如同龄儿童，许多诗句倒背如流但不知意思，他不能进行逻辑推理，涉及抽象概括的事，他就目瞪口呆了。

智力和知识截然不同。不能以掌握知识多少作为衡量智力高低的标准。知识的掌握依赖于智力的发展水平。如25＋18＝？有的孩子用（25＋15）＋3＝43来计算，有的孩子用数手指头的办法计算，有的孩子利用实物符号计算。虽然答案一样，但智力大不相同。这也就是领悟力的不同。

智力的形成比知识的掌握要慢得多，智力是先天和后天的合金，而知识技能完全是后天学习获得的。智力发展有一定限制，到一定时期停止。有的认为16岁是顶峰，有的则认为可到30岁。知识的掌握是无限的，智力发展停止了，知识可在智力停止发展后不断获得，智力不能传授，而知识是可以传授的。

因此在开发智力的过程中，尤其要注重悟性的培养，悟性是提高智力水平的原动力。悟性在提高观察力、思维力、综合力等方面有着不同的潜在的作用。比如在学生写作文的时候，有的教师领着孩子到现场、实地体会、观察，引导学生。春天到了，就去看融化的河水，发芽的绿柳，青青的小草，绵绵的大地，学生有了切身感悟和观察，就写出了有真情实感的作文，作文能力提高了，智力水平、观察力、思考力也有了相应的提高。

提高悟性的基本途径

悟性是一种境界的体验。有悟性的人，其层次不断攀升，每有所悟，便有喜悦。悟有顿悟和渐悟之别。顿悟，当下了然，直指人心。渐悟，是要经过许多过程，才见真如。无论是顿悟、渐悟，都是一种超越自我，一次身心的洗礼，妙在其中，难以尽言。

那么，如何培养或提高自己的悟性呢？

一要不断地去实践。牛顿因苹果落地而得出万有引力定律，鲁班为齿草所伤而发明锯条，这是因为他们在对某一事物执著的追求，全身的投入，才终有所悟的结果，如离开生活的体验，就无悟可谈，求悟亦如缘木求鱼，失去其本了。

二要大胆地去怀疑。事有千千疑结，情有种种疑窦，大疑大悟，小疑小悟，不疑不悟，解除疑窦，断掉疑惑，就是大彻大悟。要悟就要开拓进取，不固执、不迷信、不盲从，于纷乱中理清思绪，于迷茫中晓明真理，怀疑但绝非是要怀疑一切。

三要冷静地去思索。要能静下心来，耐得住寂寞，学会欣赏孤独，玩味孤独，让思想在冷静中飞跃、升华。思索的过程，是痛苦的过程，但必须经过这一过程，才有灵的闪现、慧的迸发。历经痛苦的思索，你就会明白一个道理，有一个新的发现，独辟了一条蹊径。悟的价值是无法估量的，它带给你的快乐无人能比拟、分享。摆脱物欲的束缚，离开喧嚣的众声，静下心来，才能尘去镜明；终日在名利场上忙碌的人，不妨忙中偷闲，喝杯茶去。

另外，悟性的培养和提高还要具备以下条件和能力：要想在某一领域有更高的感悟力，就需对这一领域有足够的了解；要具备一定的观察和分析能力；要有一个善于思考的大脑；要善于联想；开展发散思维；在悟性的驱动下，实现创新。

而尤为重要的是，要掌握下面几种思维方法：

（1）联想思维法：培养思维的深刻性

联想思维法是根据事物之间都是具有接近、相似或相对的特点，进行由此及彼、由近及远、由表及里的一种思考问题的方法。它是通过对两种以上事物之间存在的关联性与可比性，去扩展人脑中固有的思维，使其由旧见新，由已知推未知，从而获得更多的设想、预见和推测。

联想思维是建立在逻辑思维之上的正确想象的必然结果。联想思维要遵守三条法则：

①有接近才能联想

即联想的事物之间必须有某些方面的接近与联系，能在时间或空间上使人脑与外界刺激联系起来。

②有相似才能联想

即联想事物对大脑产生刺激后，大脑能很快做出反应，回想起与同一刺激或环境相似之经验。

③有对比才能联想

即大脑能想起与这一刺激完全相反的经验。

著名美学家王朝闻说："联想和想象当然与印象或记忆有关，没有印象和记忆，联想或想象都是无源之水，无本之木。但很明显，联想和想象，都不是印象或记忆的如实复现。"联想与想象是记忆的提炼、升华、扩展和创造，而不是简单的再现。从这个过程中产生的一个设想导致另外一个设想或更多的设想，从而产生悟性。

想象力是产生悟性最重要的一种思维方式。想象力说白了无非是在事物之间搭上关系，就是寻求、发现、评价、组合事物之间的相关关系。更进一步地讲，想象力就是如何以有关的、可信的、品调高的方式，在以前无关的事物之间建立一种新的有意义的关系。

（2）发散思维法：培养思维的灵活性

发散思维方法又称辐射思维法，它是从一个目标或思维起点出发，沿着不同方向，顺应各个角度，提出各种设想，寻找各种途径，解决具体问题的思维方法。根据美国学者吉尔福特的理论研究：与人的创造力有密切相关的是发散性思维能力与其转换的因素。

发散思维的培养是悟性产生的一个重要环节，发散思维的培养应围绕四种技能进行。

①流畅性

是指在短时间内表达出不同观点和设想的数量。培养人们的思维速度，使其在短时间内表达较多的概念，列举较多的解决问题方案，探索较多的可能性。

②灵活性

是指多方向、多角度思考问题的灵活程度。培养人们从不同的角度灵活考虑问题的良好品质。

③独创性

是指产生与众不同的新奇思想的能力。培养人们大胆突破常规，敢于创新的创造精神。

④精致性

是指对事物描述的细致、准确程度的培养。

（3）收敛思维法：培养思维的整合性

收敛思维，也称聚合思维或集束思维，是在已有的众多信息中寻找最佳的解决问题方法的思维过程。在收敛思维过程中，要想准确发现最佳的方法或方案，必须综合考察各种思维成果，进行综合的比较和分析。因此，综合性是收敛思维的重要特点。收敛式综合不是简单的排列组合，而是具有创新性的整合，即以目标为核心，对原有的知识从内容和结构上进行有目的的选择和重组。

收敛思维的具体方法很多，常见的有抽象与概括、分析与综合、比较与类比、归纳与演绎、定性与定量等。

①抽象与概括的训练

“去粗取精、去伪存真、由此及彼、由表及里。”毛泽东的这十六个字，说明了科学的抽象和概括的一般步骤。积极思维，找出相关知识的内在规律，加以抽象和概括，这样，问题解决得透，记忆深刻，掌握牢固，能收到事半功倍的效果。

②归纳与演绎的训练

归纳法又称归纳推理，是从特殊事物推出一般结论的推理方法。演绎法又叫演绎推理，是从一般到特殊。在认识过程中，归纳和演绎是相互联系、相互补充的。演绎式方法虽有利于求同思维的培养，但却不利于创造性思维的发展。而归纳法有利于收敛性思维的培养。因此，从“特殊——一般”的归纳式思维法有助于逻辑思维的发展，有助于弥补逻辑推理不足的缺陷，更有助于创造性思维能力的培养。

③比较与类比、分析与综合的训练

创造性思维是一种综合性思维。法国遗传学家F·雅各布说：“创造就是重新组合。”比较、类比和分析是一种联动性思维。它可以激发人们的情感，启发人们的智慧，提出独特性的方法。进行比较、类比和分析综合，遵循“发散—收敛—再发散—再收敛”和“感性认识—理性认识—具体实践”的认知过程，就能培养人们的创造力。

（4）逆向思维法：培养思维的独创性

逆向思维法是相对于习惯思维而言的，也就是从相反的方向来考虑问题的思维方法，它常常与事物常理相悖，但却达到了出其不意的效果。因此，在创造性思维中，逆向思维是最活跃的部分。

逆向思维法有如下三大类型：

①转型逆向思维法

这种方法是指从已知事物的相反方向进行思考，常常从事物的功能、结构、因果关系等三个方面作反向思维。例如，一则候车亭广告犯了大忌，效果却出奇地好。其表现形式是整个画面没有图，全是字，密密麻麻的一堆汉字。这是中国移动大众卡的系列户外广告："喂，儿子，妈妈快到家了。作业做完了吗？你看你，都读高中了，还要我操心，现在竞争多激烈。人家隔壁王阿姨的儿子都出国了。唉，要不等你大学毕业了，也去外国留学吧，到时候也把我接过去看看，你妈长这么大，还没出过国呢，也不知道好不好。儿子，你说人家那边有人懂中国话吗？要是不懂……刚才说到哪儿了？哦，竞争激烈……有神州大众卡，再多话说也不怕。"

以汉字作为创意表现主元素的广告不少，但多是一个或不多的几个，利用汉字的字形和字意做文章，像这种以一百几十个啰里啰唆的家常话做主画面的还真少见。"少见"，正是它吸引人的唯一原因。打破常规、逆向思维是广告创意中的一匹黑马，在策略的指导下运用得当，它会显示强大威力；但它同时是把双刃剑，如果脱离了策略和品牌定位，乱用的结果还不如不用。这种感悟是从具体实际出发得出的，从实际出发至关重要。

②转换型逆向思维法

这是指在研究一问题时，由于解决某一问题的手段受阻，而转换成另一种手段，或转换角度思考，以使问题顺利解决的思维方法。如历史上被传为佳话的司马光砸缸救落水儿童的故事，实质上就是一个用转换型逆向思维法的例子。由于司马光不能通过爬进缸中救人的手段解决问题，因而他就转换为另一手段，破缸救人，进而顺利地解决了问题。

③缺点逆向思维法

这是一种利用事物的缺点，将缺点变为可利用的东西，化被动为主动，化不利为有利的思维方法。这种方法并不以克服事物的缺点为目的，相反，它是化弊为利。

实际上这类创意在使用中有较大的风险，尤其是广告创意较少运用。应注意的是：当你在常规思维创意上实在是“黔驴技穷”时，不妨在慎思之后，偶尔择用这一手法，也许更能达到出其不意、出奇制胜的效果。

关于悟性的培养与训练，我们在后面还要做详细的讲解。

二　培养悟性让你境界飞升

一个缺少悟性的人，他的思想活动及结果从始至终只是靠智力来完成的；一个悟性较好的人，他的思想在初期也是依靠智力来展开的，但在中、后期则是在悟性的辅助下完成的，从而使得思想结果比前者更趋正确与完美。培养悟性是智力开发的最高层次。

培养悟性可以全面盘活既有知识

人类的知识是迄今无数人经过多次实践对事物的本质和规律理解的结果。对知识的学习，可以区分为两种，一种是机械性学习，也就是机械地认识所学的东西，这在学习过程中也是必要的。但更重要的是理解性学习，也就是说，不但认识所学的东西，而且理解所学的东西。而理解知识，没有悟性的参与是不可想象的，没有较高的悟性对事物的理解所学很可能只是一知半解。

学习知识首先就是理解前人已经理解的东西。理解是要经历一定的过程而逐步深入的。理解可以有种种不同的程度，不同水平，不能说只有对事物的本质、规律的认识才算理解。比如关于

“力”的知识，最初对力的认识不可能完全达到揭露其本质、规律的程度，开始我们只懂得力的作用与物体的质量有联系，只知道力有大小，后来才逐步理解力不但有大小，还有方向、着力点等，才懂得力是事物之间的相互作用；再进一步，才理解力和运动及速度的关系，等等。不管这种联系、关系的认识程度和深度如何，都不是只靠感知所能达到的，都是要通过思维、感悟、领会、理解才能达到。

在学习知识的过程中，仅仅靠直接感知虽然可以获得某些对客观事物的认识，而且这种认识也是不可缺少的，但是要学习前人已经总结的认识成果，仅靠这种认识是不够的，只有通过理解、领会、感悟、体悟才能尽快地占有前人的认识成果，离开理解、感悟、学习知识，不能达到真正掌握知识的目的。

培养悟性，对理解知识、掌握知识有着不可忽视的作用，我们在学习已有知识的过程中，必须重视对悟性的培养。

培养悟性可以快速激活思维灵气

悟性与灵感联姻，与创新结伴，与革新、开拓为伍，人们常说的举一反三、闻一知十、触类旁通、恍然大悟等，就是对悟性思维的最通俗概括。不难看出，培养悟性可以使我们的思维更灵动，更有活力，悟性思维可以使我们对对象本性和内蕴有一种直接的透现。

这是由悟性思维的特点所决定的。

从哲学思维方式的角度进行界定，“悟”是对对象本性或内蕴的一种直觉的、明澈的观照和透察。而“悟性”则是兼有感性和理性特点，因而也具有辩证性质的对对象本性或内蕴的一种直觉的、明澈的洞察或领悟能力。综括而论，这种突出体现在中国传统哲学特别是中国禅宗中的悟性思维或悟性体验，具有下述本质特点。

自我性。悟性本质上具有自我意识性质，是一种自我意识性，与自我相关联。悟，要通过自我，以自我为悟之主体。同时，道或佛性就在我自身上体现，因此，我又是悟之客体。即使是悟物，也以悟我为前提。如此，道我不分，佛我不分，故需要自格自致，自修自悟。孔子说，“道不远人”，“君子求诸己”，“吾日三省吾身”。老子说，“自知者明”。慧能说，“我心自有佛，自佛是真佛”，“自悟自修”，“识自本心”。悟性的这种自我性，在根本上决定了它首先是一种个体的认知体验。

本体性。这里的本体性，是指一种道德的本体性，即以道德本体为根基。《大学》开宗明义：“大学之道，在明明德，在亲民，在止于至善。知止而后有定，定而后能静，静而后能安，安而后能虑，虑而后能得。”其要旨是将思建立在善的基础之上，将善作为思的前提。老子的“重积德则无不克”和慧能的“善生慧”也体现了同一意旨。此点鲜明地体现了中国哲学的这一特色，即认识论与伦理学密不可分：认识论包括伦理学，真与善有机融合和统一，两者浑然一体。这种认识论要求人们不是仅用理性去认知对象，而是用整个身心去感悟、体验对象，因此，它必然要求人们遵从道德律令，以便使其自身的行为与对象的内在节律相一致。

整体性。也就是说，是对对象的整体性把握。悟性的整体性源于对象的整体性，是对象的整体性的要求。具体说来，在儒道释那里，它源于道或佛性的整体性，即道体为一，佛性不二。老子提出“是以圣人报一为天下式”，庄子论及“主之以太一”，孔子申明“吾道一以贯之”，这些都可以视为对对象即“始源”之统一性的不同把握和表述。而慧能主张“性在身心存”、“佛是自性作”，强调佛我的统一，泯除主客的分离与对立，其实质也是表达和再现对象的统一和完整。

直接性。即摈除事象、语言、文字等一切间接性，直接指至整体、本性。如佛教所言，“忘象息言”，“彻悟言外”。《老子》开篇就讲“道可道，非常道”，庄子说“得意而妄言”，孔子亦云“言不尽意”，慧能则强调“以心传心”、“不假文字”，从中可见，悟性所诉诸的直接性，不是面对事象、表象、现象的直接性，而是面对“始源”本体即所谓道体或佛性的直接性。这里，如何对待语言十分重要和棘手。语言具有二重性，既有解蔽功能，又有遮蔽功能。但是禅宗的语言十分辩证，表现了高度的智慧。譬如慧能提出的“不取不舍”法。就语言而言，“不取”的含义是弃绝、回避语言、文字、思维逻辑、理性思辨等中介的运用，“自用智慧观照，不假文字”，以免“心不行《法华》转”；“不舍”的含义则是，在不取的同时，又运用语言、文字、思维逻辑、理性思辨等中介，通过对它们的运用来超越它们，即所谓“心行转《法华》”。这在理论上，实际既承认了语言性空，又肯定了语言性不空，如《坛经》所说：“即云不用文字，人不合言语；言语即是文字。自性上说空，正言语本性不空。迷人自惑，语言除故。”

逆向性。打破日常和常规思维定势，采用反的、负的或逆的说明方法，通过诉诸差异、矛盾、对立、悖论、冲突、抵牾来打破偏执、区分、片面、极端、僵死、界限和限定，达到和实现对对象整体之直接的乃至瞬时的领悟。老子说“反者道之动”、“孰知其极，其无正？”孔子讲“叩其两端而竭”、“执其两端”，程颐提出“物极必反”，方以智论及“相反相因”，这些与慧能的“相因”法或“反说”法一样，都体现出通过“执端”而最后“取中”的特征。应予以特别注意和重视的是，对于“始源”这一最高对象的认知来说，这种反的或负的方法的实质和特殊意义在于：不说不可言说和不可思议的东西是什么，而只去说它不是什么；通过可思议和言说的东西，思议和言说不可思议和言说的东西。

从上述悟性思维的若干特质中可以看出，悟性如同感性、理性一样，也是人类认识固有的一个重要层次或重要因素。

这一人类认识中固有的重要层次即悟性思维具感性和理性的特征。是直接性与间接性，具体性与抽象性，生动性与深刻性，多样性与统一性的融合。培养悟性就有了悟性思维，就可以盘活思维灵气。

培养悟性可以明显提升学习能力

学习是人的本性。我们每个人生来都具有学习的能力。也正是由于人类具有探索未知事物的好奇心，才有了人类物质、精神文明的持续进步，学习的本质是在掌握理解已有知识的基础上，掌握新技术，发现新事物。只有学习能力强，才能更好地掌握知识和理解知识，才能最终达到掌握新技术、发现新事物的目的。

学习能力由多种因素构成，它包括注意力、观察力、思考力、应用力、自觉力、记忆力、想象力、创造力等。从构成学习能力的要素中我们可以看到观察力、思考力、应用力、想象力、创造力的增强必须有悟性的参与，通过感悟、领悟、体悟等方式才可能达到学习能力的提高。以想象力为例，对它的培养在于启迪人的心智，使人们在五彩缤纷的生活中迸发出一种感悟的活力。生活永远涵融于人的情感之中，柳枝，因为心的欢跃而摇曳；

蓝天，因为泪的涌起而迷蒙。感受到了生活的本真，想象力也随之增强。

学习知识的过程，就是感悟和理解知识的过程，只有掌握了知识的内在意义，才能真正掌握知识，运用知识。掌握知识，运用知识是靠学习能力来实现的，对知识的理解过程，需要有悟性才能完成。对知识的理解包括：

对事物类属的理解。当学习知识中要确定一类事物“是什么”时，理解的性质是把该事物归入某一范畴，归入相应的已获得的概念。知觉的理解性也是这种性质的理解之一，是直接的理解。把低一级的概念归入较高一级概念时，理解的性质也属于类属的理解，是间接的理解，类属的理解是认识事物的类属关系。

对因果关系的理解。当学习知识中要弄清一种现象为什么发生，以及怎样发生和变化，或者弄清一种情况在某些条件下可能会产生什么样的后果时，理解的性质就在于揭露现象间的因果关系。

对逻辑关系的理解。当学习知识中要认识某一原理的依据，确信其合理性时，如学习定理，进行证明与解释道理时，理解的性质则为弄清其间的内在逻辑联系与相互依存或类比的关系等。

对事物内部构成、组织的理解。当所学习的知识涉及事物内部的成分、结构、组成时，理解的性质则为弄清事物内部应有结构、各部分成分的性质、作用及其间的相互关系等。

所列举的各种不同情况下的理解，其性质虽有区别，但不是各自孤立的，其中有许多是相互交错在一起的。

所有这些理解都是感悟、领悟和体悟的过程。悟性高学习能力强，理解得就更准确、更深入。

培养悟性，可以提高理解效果，大大提高学习能力。知识的理解是通过思维实现的，即通过感悟、体会，通过丰富的、典型的、正确的感性材料进行比较、分析、综合、抽象、概括，从而理解事物的本质和规律。不管是进行分析、综合、抽象，还是进行抽象、概括等思维活动，都离不开“悟性”，只有“悟”才能掌握、理解知识的意义，才能进一步提高学习能力。

任何水平的理解总是以已有经验、知识为基础的。如果已有的知识是各自孤立的，一方面会妨碍对这些知识本身的进一步加深理解；另一方面将影响到利用这些知识间的关系去理解新知识。以简单的算术知识为例，如果所学的加、减、乘、除知识是各自孤立的，则对加、减之间的互逆关系，乘、除之间的互逆关系，同数连加与乘的关系，同数连减与除的关系等就不易理解，对加、减、乘、除的知识本身的理解也就有局限性，在学习分配率等新知识时更会感到理解困难。一个学科中的知识如此，有关学科之间的知识也是如此。生物的知识不系统化，化学的知识不系统化，首先影响对各部分生物知识，对各部分化学知识的深入理解，同时也会影响到对整个生物、化学的有关知识的理解。

知识系统化也就是理解各部分知识之间的关系，它有利于用完整的知识去理解新知识。学习中所谓的触类旁通，就是知识系统化在理解中的表现。

培养悟性可以大幅提升创新能力

创新是一个民族的灵魂，是一个国家兴旺发达的永不枯竭的动力。创新能力是人们革旧布新和创造新事物的能力，包括发现问题、分析问题、发现矛盾、提出假设、论证假设、解决问题以及在解决问题的过程中进一步发现新问题从而不断推动事物发展变化等的能力。创新能力最基本的构成要素是创新激情、创新思维、科技素质。创新激情决定了创新的产生，创新思维决定了创新的成果和水平，科技素质则是创新的基础。培养悟性对创新思维的开发起着至关重要的作用，可以大大提高发散思维的能力、想象思维的能力、跃动思维的能力，等等，进而提升创新能力。

提升创新能力，离不开“悟性”。提升创新能力主要是培养创新思维能力。

从思维的角度来看，创新思维与传统思维有着一定的差别，它多从逆向思维和发散思维的角度去考虑问题，因此又具有联想性和叛逆性。联想性就是发散思维，叛逆性则表现为逆向思维。

一个人创新能力的高低，主要取决于他的智商、情商和逆商（逆境商数,就是反映人在逆境情形下的适应能力），如果一个人的智商较低，是不可能具有较强的创新能力的，但智商高的人，并不意味着创新能力就强，它还取决于一个人的情商和逆商。情商、智商、逆商之和就是悟性。如果一个人的情商和逆商不高，这个人的创新能力也不会高。情商是一个人适应社会的品质和能力，没有较高的情商，创新成果就缺乏向社会推广实施的有效方法，创新能力也就无从体现，尤其是在社会活动中，没有较高的情商是难以搞好创新的。逆商是决定创新能力的最基本因素，因为逆商是一个人逆向思维的品质和能力，它是一个人能否突破传统思维的根本和关键。一个因循守旧，不能突破传统的人，是很难有什么创新的。历史上，许多重大的突破性成果，往往都是逆向思维的结果。

从人才学的角度考虑，人才分为知识型人才、创造型人才和复合型人才。创新人才指的就是创造型人才和复合型人才。

知识型人才，往往知识比较丰富，他们像海绵一样，具有很强的吸收能力，但缺乏一定的创造性，所以这些人较适合做学问或传道授业解惑——去当老师。

创造型人才，不一定具有丰富的知识，但往往具有很强的创造性。比如历史上的黄道婆，只是一个不识字的农妇，却发明了纺织术；毕昇也是一介布衣，知识也未必丰富，但却发明了活字印刷术，对整个世界做出了重大贡献，等等，这些人就是创造型人才。

复合型人才，是指那些既具有比较丰富的知识，又具有较强或很强的创造性的人。知识不仅提高了他们的创造水平和能力，也开阔了他们的视野，进一步激发了他们的创造活力。可以这样说，知识不仅提升了他们的创造能力，也为他们插上了腾飞的翅膀。从社会需要看，社会更需要这种复合型人才。当然并不是说社会并不需要知识型人才和创造型人才，只是相比较而言，复合型人才在社会上发挥的作用更大。

我国的传统教育之所以说跟不上时代发展的需要，就是因为它较为注重知识的灌输，忽视了孩子能力（主要是创新能力）的培养，这就是为什么用中国的考试方法美国有40%的学生考不及格却拿了世界70%还多的诺贝尔奖，而中国到目前还没有人获得诺贝尔奖的原因。其中的道理不言而喻，就是因为人家比较重视能力的培养，而我们注重的却是知识的培养。

重视能力的培养，就要重视悟性的培养，悟性水平的提高是大幅提升创新能力的根本途径。

培养悟性可以迅捷提升工作效率

工作是人安身立命之所。提高工作能力，可以让人更顺利、更快捷地完成工作，及至创造性地完成工作。

要想提高自身的工作能力，在工作中必须表现出对待工作的主动性，把握工作的规律性，赋予工作以创造性。把握规律，创造性的工作，离不开悟性的启迪，培养悟性才能更好地提升工作能力。

对待工作的主动性，是每一位工作人员做好工作首先必须做到的。如果对待工作连最起码的主动性、自觉性都没有，总是应付了事，没有一点主人翁的精神，即使是有能力又有什么用呢，又谈什么提高自身的工作能力呢?“提高自身的工作能力”具体体现在对待工作的主动性方面，应该是不断提高自身的修养和道德思想水平，把企业的利益和自身的发展结合起来，条件少讲一点，工作多做一点，工作中不要怕吃亏，不要斤斤计较。我们每一位员工更需要对待工作的主动性和自觉性，如果每位员工都能自觉为企业多奉献一点、为他人多做一点，我们就一定能把工作做好。

培养悟性，把握工作的规律性，对每一位工作人员来说也是非常重要的。任何一项工作都有其自身的客观规律性，要想切实提高自身的工作能力，必须在工作中了解情况，熟悉基本业务，并不断地总结经验，逐步摸索并掌握所从事工作的内在规律。只有把握了工作的规律性，才会使我们的工作达到事半功倍的效果。“提高自身的工作能力”具体体现在培养悟性把握工作的规律性方面，就是要不断加强各方面知识的学习，不断地提高自己分析问题和解决问题的能力。我们常说的“工作”和“优秀地工作”是两个不同的概念，前者可以不动脑筋，而后者则必须动脑筋，只有善于学习、善于总结经验的人，才有能力把握工作的规律性，工作能力才能慢慢地得到提高。

培养悟性赋予工作的创造性，更是每一位工作人员做好工作必不可少的条件。无论做什么工作，仅仅有对待工作的主动性和把握工作的规律性是远远不够的。“提高自身的工作能力”具体体现在培养悟性赋予工作的创造性方面，就是要创造性地开展自己的工作。如果不能创造性地开展工作，总想着别人以前怎么做，现在我们还要怎么做，结果便是：我们顶多是一个能熟练完成工作的人。我们的工作没有生气、朝气、锐气，自身的工作能力也不会有多大的提高。对于我们自身来说，创造性的工作才是第一位的，只有提高自己的创新能力，不断分析新情况、解决新问题，才能不断地有所发现、有所创造、有所进步。在实际工作中，只有创造性地开展工作，才能做到工作有新思路、有新突破、出现新局面，我们的工作能力才会真正得到提高。

提高自己学习的能力，掌握各种有用的知识，只是为做好工作提供了一个必要前提，只有通过感悟把学习能力转化为工作能力，转化为创造能力，才能使自身的工作能力得到提高，才有可能为我们的企业、社会做出更大的贡献。

三　培养孩子悟性有方法

虽说悟性是一种天赋，但后天也是可以培养的。悟性的高低、快慢与培养的方法和途径有很大的关系。方法和途径正确，则事半功倍，立竿见影；方法和途径有差异，则可能会走一些弯路。当然，悟性的培养不是一朝一夕的，它是通过长期的修炼和不断的读书学习才能练就的一种能力。培养悟性应该从孩子抓起。

培养悟性从孩子抓起

悟性对于一个人的成长、成功有着至关重要的作用，培养悟性，尤其是孩子的悟性问题应特别受到关注。

我们在关注孩子的“悟性”问题、启发孩子为提高“悟性”而努力的过程中，必须解决三个问题：

（1）让孩子感知“悟性”的存在；

（2）使孩子认识“悟性”的重要；

（3）激发孩子为提高“悟性”而努力的劲头。

青岛新闻网上曾刊登过一位母亲所写的真实故事：

“女儿的生日和我是同一天。今年我们一起过生日的时候，女

儿忽然问我：‘妈妈，您那么大，怎么会是和我一天出生的呢?’

我向她解释道：‘妈妈虽然和你是同一天出生的，但妈妈却比你提前了好多年，知道吗?’

女儿想了想，似有所悟地说：‘哦，原来是这样，我明白了。’

我正在为能让4岁的女儿这么快就明白了一个这么难懂的问题而沾沾自喜的时候，女儿忽然又问我：‘妈妈，如果是我先出生的，那您是不是就是我女儿了?’”

从上述情境可以看出，这个小女孩很乐于思考。尽管她的想法难免天真幼稚，但悟性还是很强的。

也许有人会说，那么小的娃娃懂得什么悟性？确实，当时孩子肯定不懂得什么是悟性，但是这不等于他没有悟性。事实上，从孩子开始有思维活动的时候起，悟性也就萌芽了。比如，有这样的情况：在孩子还不会爬的时候，他趴在毯子上，看着前边不远处的玩具很着急，急得脚蹬手刨，嘴里哇哇直叫。当他偶然抓住毯子一拽，发现玩具离他近了一些，这时便会产生“顿悟”，渐渐便学会了用“拽毯子”的方法来拉近玩具和他的距离。这个思维过程就是悟性在起作用，这整个认知过程就是发现和创造的过程。

“悟性”何以值得“特别关注”?

悟性在人的整个认知活动中，只是一个方面，或者叫一个因素，我们为什么要强调“特别关注”它呢？这是由它对人生的重要影响决定的。

我们先来看悟性在孩子学龄期里的作用。几十名学生，在同一时间、同一地点，听同一个老师讲同样的课，接受情况却大不相同。大部分学生，老师讲到哪里他们的思维就跟到哪里，老师讲完了，基本上都能理解和消化。这当中有少部分学生不仅能跟上老师的讲授，还能根据已讲的内容和既往的知识积累，预测老师将要怎样讲下去，并用自己的推断与老师的讲解进行验证。

另外，几乎在所有普通的班级里，都还有一些这样的学生，他们虽然也想努力跟上老师的讲解，但是做不到。他们或因思维速度缓慢，或因既往知识不足，或因精力难以集中，反正是在他对这个问题还没搞通的时候，老师和其他同学已经去研究下一个问题了。这样的学生在课堂上是很“遭罪”的，其根源就是悟性差。

悟性不仅在学龄期影响学习速度和质量，走向社会以后也影响沟通交流，影响随机应变和抓机遇的能力，影响发现、发明和创造的能力。微软亚洲研究院副院长张宏江博士说过：“人要过得不比别人差并不难，你努力一些就行了。但如果你立志要成为人中龙凤的话，那你需要一点东西：悟性!”可见悟性是出类拔萃所必需的。

不可否认，现在的教育，不管是学校教育还是家庭教育，都是重视记性，忽视悟性，有些人甚至无视悟性的存在，在面对相关现象时，往往只简单地以“灵”与“笨”相区别，一语代之。记性是应当重视的，但悟性绝对不可忽视。夸美纽斯说，“凡是没有被悟性彻底领悟的事项”，是“不可用熟记的方法强求占有的”。家长如何“关注”孩子的“悟性”问题?

对学龄前的小孩子是不好直接谈论“悟性”理论的，但是适当进行关于悟性方面的关注和引导是完全可能和应该的。这个时期关于这个方面的家教工作，大体可以集中在以下几个方面：

（1）随时关注孩子的悟性状态，留心发现灵性亮点和缺憾苗头，及时给以点拨，如赞美悟性强的事例，讲述悟性差的笑话等。

（2）给孩子提供“悟”的时间和空间。培养悟性需要宽松的心理环境。家长要少一些包办代替，少一些越俎代庖，让孩子能够自由独立思考。

微软公司的技术总监周克说：“我们在学校做数学题，总是因为什么、所以什么。每个步骤是多少分，错一步就扣一步的分。这是一种严格训练。它培养了学生的严谨，但却埋葬了学生的悟性。”家庭教育也有这个问题。多思多想才能不断感悟出新的东西来。思考力是提升悟性的必要因素。

（3）适当进行悟性构成要素单项强化训练和悟性综合训练，如联想、推断、预测、假设、比较，理清思路，开拓思路，完善思路等，可采取猜谜语、脑筋急转弯等有趣活动形式来进行。要让孩子感受到有所悟的快乐，以强化思考的兴趣并逐步养成习惯。

（4）家长要自觉努力提高自己的悟性，这样你才会有切身体验，才有可能指导到位。

游戏中开启悟性之门

游戏是孩子的天性。在游戏中，能使孩子的观察、想象、思维、语言等能力得到全面发展，开启孩子的悟性之门。

（1）儿童以游戏为生命，游戏是幼儿的正当权利

游戏对幼儿具有特殊的意义。这是因为他们在生理上发育还很不成熟，表现在他们以游戏为生命，游戏是他们生活的方式。幼儿就是在游戏中生活，在游戏中学习，在游戏中成长的。因而，有游戏生活的儿童才能称得上是真正的儿童，也只有在游戏生活中成长的儿童才会是身心健康的儿童。游戏是儿童的正当权利。对于儿童，社会将以法律的形式保护他们的游戏权。因此，不让孩子玩儿的做法是极其错误的。

（2）爱玩儿、会玩儿是评价好孩子的标准之一

当前在婴幼儿教育中，游戏行为往往不被鼓励，爱玩儿的孩子常被看做是淘气、调皮捣蛋、不用功、没出息的孩子。喜欢不

喜欢玩儿，会不会玩儿，对大人也许不那么重要，可对幼儿却是件大事，它是衡量孩子身心健康发展的标志。由于幼儿游戏水平反映着他们的身心发展水平，因此，会玩儿的孩子总是聪明能干的、身体健壮的、善于交往合作的好孩子。英国有句谚语说得好：整天用功不玩耍，聪明孩子也变傻。

（3）游戏是幼儿最自然、最有效的学习方式

游戏与学习对立是实施游戏教育的重要障碍，其实，游戏的对立面不是学习而是不游戏。在游戏中学是幼儿学习的特点，游戏的过程就是孩子的学习过程。你看见过孩子玩儿玩具吗？他们在充满新奇、幻想和奥秘的玩具世界里，小脑袋不停地转，并努力去摆弄、操作以期得出答案。不倒翁为什么不倒？陀螺怎么会转？火车怎么会叫、会冒烟？这些问题不仅激发孩子丰富的想象力、思维力，同时也成了孩子认识世界的工具和启迪他们智慧的教科书。

著名动画片艺术家万籁鸣，从小喜欢和母亲玩儿手影游戏。他常被墙上晃动耳朵的“兔子”、汪汪叫的“小狗”迷住。形态生动逼真的手影游戏，激发了他对动画艺术的兴趣，长大以后他制作了我国第一部彩色动画片《大闹天宫》，成了著名的艺术家。

美国语言学家斯特金娜夫人常和女儿维尼玩儿语言游戏、表演游戏。维尼3岁就会写诗，4岁写剧本，5岁出诗集。由于游戏为孩子们提供了一个轻松愉快的、具有丰富刺激的、能鼓励幼儿自己学习的良好环境，使他们获得安全感、自尊和自信，获得了对学习的持久热情，从而终身受益。而一些父母力图让孩子提早学习，其结果很可能适得其反。因此，游戏是促进幼儿身心全面发展的重要手段，应充分发挥它的教育作用。

（4）幼儿玩儿哪些游戏

3岁～6岁幼儿玩儿的游戏内容是极其丰富的。3岁孩子开始还

玩儿0岁～2岁孩子玩儿的游戏（感觉运动游戏），如拿小铃反复摇晃，跟着小球跑，把盒子里的东西倒出、装进等。在这些游戏中，充分发展了他们的感官，到3岁时逐渐过渡到象征性游戏阶段。

①角色游戏。孩子假扮妈妈喂养娃娃，背枪当解放军捉坏蛋。他们用自己去替代角色人物，用玩具去替代真实用具，这一切是建立在想象的基础上，通过角色扮演进行的。角色游戏是幼儿期最为典型的游戏，是促进幼儿社会化、发展语言的重要游戏。

②结构游戏。孩子们喜欢玩搭积木、串木珠等构造活动的结构游戏，从中他们认识了物体的形状、色彩、大小、轻重等特征，得到了关于结构造型方面的知识技能，培养了审美情趣。

③表演游戏。表演童话、故事，玩木偶戏、影子戏。这些表演游戏从小培养了幼儿对戏剧活动和文艺作品的兴趣，培养出了未来的小观众和小演员。以上这些游戏都属于一种创造性游戏，是孩子们自己独立自主、创造性地开展的活动。

④由成人编制的有规则游戏。如以唱歌、跳舞为内容的音乐游戏；以走、跑、跳等基本活动为内容的体育游戏；以观察、注意、想象、记忆和思维等为内容的智力游戏。这些游戏都有明确的发展目标（如发展动作、发展智力、培养艺术审美能力），是成人根据一定的教育要求，用规则编制而成的。除此以外，那些民间游戏也是幼儿喜爱的。

（5）幼儿怎么玩儿

①依靠玩具玩儿。幼儿教育家陈鹤琴指出："小孩子玩儿，很少空着手玩儿的。必须有许多东西来帮助，才能玩儿得起来，才能满足玩儿的欲望。"如玩儿骑马至少需要一根竹竿，才能跑来跑去地玩儿起来。玩具是游戏的工具，是儿童的天使，是启蒙的教科书。有的父母不准孩子玩儿那些瓶瓶罐罐的玩具，是不对的。

没有玩具，游戏也就中止了。

②依靠想象玩儿。游戏都是一种假想的行为。当“医生”假装看病打针、当“司机”假装开车。大人称这些是“儿戏”，并不当真。这些儿戏建立在假想基础上，它使孩子的想象力丰富、思维活跃、创造力强。

③独自专心玩儿，与伙伴友好合作玩。3岁幼儿由于能力较差，所以，个人游戏很多，他们常把布娃娃当对象，和它说话、玩耍，然后再过渡到和小朋友一起玩儿。不过最初的集体游戏只是一种在一起玩的形式，而无合作的内容。真正有分工、有互助、有协调的合作游戏要到大班才出现。所以，3岁时和邻居孩子玩儿，往往玩儿不好，到6岁，孩子们已很能干，协作合群能力提高，他们可以玩儿很长时间的集体游戏。当然，独立性也更强了。

④在规则的指导下玩儿。游戏都有规则，只不过有的规则明显，有的隐蔽。游戏规则是根据游戏目的提出的，它能在游戏中起组织、约束、调整幼儿游戏行为和相互关系的作用。孩子们为了玩儿，愿意遵守规则。

（6）孩子们玩儿游戏需要成人指导

不少父母给孩子买玩具从不计较数量和价格，但不关心孩子的玩儿。他们认为孩子玩儿就玩儿吧，只要不闯祸就行。其实他们不知道游戏有好与坏之别，不是任何游戏都具有教育价值的。如孩子玩儿“死人”的游戏，反映迷信的内容，就是不好的游戏。玩儿好游戏时，如缺乏正确指导，同样也会给孩子以不良影响。如运动量过大的游戏会损害健康，不掌握玩具操作技能的游戏会危及生命，在游戏中常处于被支配地位的孩子会形成胆小、软弱的性格，而那些霸道孩子在游戏中如得不到指正，将会形成自私、骄横的性格。这些个性品德上的问题将会影响他们一生。

游戏中的教育因素需父母去引发才能达到游戏教育的目的。如玩儿水，父母给孩子一个塑料袋，让他将水装进袋内，并用小针扎几个小洞，父母指导孩子观察水的流动，引起孩子对水流形成的兴趣，发挥玩水游戏的教育价值。若不指导也许只是玩玩儿而已。

同时，指导游戏需要父母的爱心。对游戏的指导是一门艺术，它是建立在父母爱心基础上的，这种爱表现为对孩子的游戏的仔细观察、了解，对孩子的尊重，表现为父母作为孩子的游戏伙伴，平等地参与游戏。

具体指导方法有以下几种：

①亲子共玩儿 的技巧。教给孩子玩儿新玩具的方法：将新玩具给孩子时，应让他们自由地探索一会，边观察边和孩子谈话，积极向孩子提出问题和回答他们提出的问题，如这是什么玩具，它叫什么名字等。之后在孩子要求下才演示玩儿法。指导孩子玩儿旧玩具时，要鼓励他们想出新玩法，如玩儿“小熊吹泡泡”，玩儿时可建议他们去追捉泡泡，观察泡泡上的有趣现象。一物多玩儿也需要启发。亲子共玩儿时要注意与孩子间的合作、交流，引发孩子的感情，产生共乐的效果，如父母可作为观众观看孩子表演。

②选购玩具的学问。选购玩具虽有许多要求，如教育性、艺术性、经济能力，等等，但最主要的还是要考虑为什么买、买给谁，考虑玩具的功能对孩子的影响，否则你就会花冤枉钱。其次，要识别玩具的好坏，那些制作精细、技术先进、功能单一、操作简便的玩具常常不是好玩具，它的欣赏性只能带给孩子一时快乐，不会对游戏产生长久影响。而一些传统玩具如娃娃、积木，还有那些废物当玩具的，由于它能激发想象，有多种用途，能充分给孩子自己动手的机会，孩子百玩儿不厌，他们对用这些玩具所开展的游戏倾注极大热情。买玩具不如做玩具，孩子喜欢

成人做的玩具，同时更喜欢自己做的玩具，那些动手折叠的手枪和帽子就会使孩子威风好一阵子。

③游戏角——孩子游戏的小天地。要给孩子安排一个玩具箱或玩具柜，最好能给他们一个玩具角，使他们有一个自己的游戏王国。在这个天地里，要求他们做小主人，爱护玩具，场地整洁，培养责任感和劳动技能。当然做这工作是不容易的，父母要记住，一要对孩子严要求，二要教会孩子整理技能，三要运用表扬、批评、鼓励与惩罚手段去督促他们的行为，四要学会有耐心和坚持。成功总是属于认真的父母。

让多种学科互相渗透

培养悟性是以全面提升人的基本品质或基本素质为根本目的，以开发人的智慧和潜能为基本内容，以促进人的积极主动发展，形成人的健全个性，实现人的潜在价值为根本特征。

（1）注重多学科渗透

文、理分家必然导致人的发展的片面化。培养悟性应注意扩大知识面，理科的学生要加强学习人文方面的知识，文科的学生要加强学习自然科学方面的知识。理工科学生应学习文、史、哲、艺术等人文社会科学，扩大知识面，开阔视野，激发创新意识，为提高创新能力打下良好的文化基础。

历史上和现实中许多做出创造性贡献的科学家，大都知识渊博，爱好广泛。如我国东汉时期的张衡对天文、地理、数学、机械、文学、绘画等都有很高的造诣。又如美国对1300多名科学家所做的5年追踪调查表明：有成就的科学家极少是只通一门的“专才”，绝大多数都是以具有多学科知识取胜的。历史和现实都说明，创新思维和创新能力必须要有广博的知识作基础，需要科学精神和人文精神的融合。而没有广泛的知识摄取，悟性也不可能高。

现在学科分类很细，自然科学、技术科学、人文科学、社会科学、管理科学、教育科学、医学科学等多种学科并存，当今科技发展迅速，知识更新的速度也显著加快，科学和人文日益融合，多学科相互交叉，使得专业划分过细、知识面过窄的状况已经不能适应时代的要求，加强文理交叉、实现多学科渗透已经成为培养悟性对人才需求的一种趋势。

因此我们应注重对获取知识能力的培养；注重对素质的培养尤其是悟性能力的培养，拓宽专业面，优化知识结构，加强对学生实际工作能力的培养；注重在进行专业教育的同时，开展包括文史哲艺术基本知识、基本修养、国内外优秀文化成果、自然科学知识的培养教育；注重多种学科之间的交叉渗透。

（2）培育高尚的人文素养

所谓人文素养是指做人应具备的基本品质和基本态度，包括按照社会要求正确处理自己与他人、个人与集体、个人与社会、个人与国家，乃至个人与自然的关系。通常人们把人文素养教育看做是关于人类生存目的的教育。人文素养最典型的标志是人文精神。人文精神泛指人文科学体现出的对人类生存意义和价值的关怀，人文精神追求人生美好的境界、推崇感性和情感，着重想象性和多样化的生活，使一切追求和努力都归结为对人本身的关怀。人文精神可以概括为科学精神、艺术精神和道德精神。具体包括：①勇于为科学献身的高尚的人生观；②克服困难，勇于探索的精神；③科学研究上的好奇心和严肃认真的态度；④成功时虚怀若谷，正确对待自己和别人的美德；⑤强烈的民族精神和爱国精神；⑥通力合作的精神；⑦敢于想象，善于想象的创新意识；

⑧该学科中的美学等，真正使人们感受到人文修养对成长的影响。

比如物理课教师将居里夫人、伦琴、牛顿等科学家的敬业精神、道德风范渗透到物理学的教学中，则使物理课更加丰富，更富有生机和人性，同时也陶冶了学生们的人生观和价值观。

（3）培养创新意识和创新能力

时代发展到今天，创新已经是一个民族进步的灵魂，是国家兴旺发达的不竭动力，是发展各项事业的关键。一个人如果没有良好的人文素养，没有创新精神和创新能力赖以形成和发展的深厚的文化底蕴，没有广博的知识基础、开阔的视野、机敏的应变能力和较为完善的思维力，是不可能从事创造性活动的，也就没有悟性可言。培养人们的创新意识、创造能力，不断提高获取新知识、发现并解决新问题的兴趣和能力，锻炼从事科学研究、技术创新的创造性思维能力和实践能力，养成求实、求是的创新意识和开拓、创业精神已成为当务之急。注重独立思维和强烈的创造意识的培养，鼓励思维的批判性，允许标新立异，大胆对现有的知识提出疑问，再积极发现和创造新的知识已成为悟性养成的重点。

总之，培养悟性，应注意各种知识的全面掌握和学科间知识的渗透。这样才能使悟性发展到一个较高的层次。

插上想象的翅膀飞翔

在一次课堂上，老师出了一个题，让大家写出世界上什么最大。有的学生写“天最大”，有的学生写“地最大”，还有的学生写“宇宙最大”。有一个学生却写道，“想象力最大”。确实，我们无论说什么东西，总有比它大的东西存在，但是人的想象力就不同了，它是无限延伸的，它可以超越时空，跨越宇宙。

想象实际上就是“自编自演”，在自己心中“演戏”。只要我们为想象安装上坚强的翅膀，让它带着我们海阔天空自由自在地翱翔，我们就能在自己的头脑中形成无数的新奇画面。在平时的生活中，我们都可以有意识地想象着让自己进入各种各样的不同角色，比如：

扩展自己在正常的社会环境中的行为领域，扮演生活中自己感兴趣、觉得有意思的角色，展开想象，游戏人生。之后，总结经验，探索更好的途径或方法。

在扮演中，对一些成功的经验，增加一些新的情境，借以了解原来情境的限度，看哪些是可以改变的，哪些又是不可以改变的。

在想象中，对上演的任何戏，多尝试一些建设性的想法和途径。

进行内心对话。可以想象着自己是矛盾双方不同的当事者，进行争论。还可以想象矛盾双方在进行激烈的辩论，自己作为一个旁观者来判断是非。

在看书、听歌、唱歌的时候，脑子可以随着文字的描述，歌词的流动，想象着它们所表达的各种意境。

下面我们就来看看培养想象能力的方法和技巧。

（1）在情景中想象。利用故事进行想象，小时候，我们都喜欢听故事。常常与那些真实不真实的人物、情节一起喜、怒、哀、乐。我们听故事，读故事，有时还给别人讲故事。故事，在我们幼小的心灵里播下想象的种子，它给予我们丰富的想象力。所以，我们在选择读或听故事的时候，要选择语言优美、词汇丰富、形象生动的故事。在听或读的时候，在故事情节的关键地方停住，想一想，让自己推测一下结果。再进行对照比较，看与实际发展有什么不同。这样做，可以知道我们该怎样想象才是正确合理的。

如果你不喜欢数学、物理等逻辑思维科目，也可以在阅读上做点文章，锻炼自己的想象力，培养自己的逻辑思维能力。这时你最需要的是一本推理小说。在阅读小说的时候，不能单纯追求情节，而应该在读完引子之后边推测后面的情节边往下读。其实一本优秀的小说，无论是在结构安排还是在情节处理上，作者所运用的逻辑思维都是很严密的，伏笔埋得非常巧妙，最适合训练想象力。

（2）在游戏中想象。游戏的方式是多种多样的，游戏可以激发我们的想象力。因为在玩耍的时候，大家都是无拘无束的，思维相对受到的限制不是很大。对一种常规玩儿法玩腻了，还可以尝试其他新的玩儿法，在这个过程中，就需要我们充分发挥想象力。所以，在玩耍的时候也要积极动脑，玩得精彩，玩得开心。

（3）在“白日梦”中想象。在日常生活中，人们往往把“白日梦”，即空想，等同于想入非非、不切实际、不自量力的痴心妄想。然而，心理学家却不这么认为。在心理学上，“白日梦”是指人在清醒状态下出现的带有幻想情节的心理活动。它的存在并不是一件坏事，事实上它是一种有效的松弛神经的方法，可以激发人的想象力，对一些疑难问题的解决也是很有帮助的。同时，空想和幻想是有区分的。空想的秘诀，就是让形象或多或少有些现实性。

富兰克林从幻想中出现的孩提时代放风筝的情景，想出了那个著名的放风筝检验放电现象的实验。喜欢打盹的爱迪生，在似睡非睡的朦胧中，想出了很多漫无边际的事情，并从中得到启发，产生了新的发明创造。美国心理学家罗杰克认为：“白日梦”的题材多属于个人关心的切身事情，由于脑筋不受传统思维形式的限制，问题经过深思熟虑，而答案又经过反复推敲，往往会激发出意想不到的解决方案。

因此，“白日梦”对于我们想象力的培养也是帮助不小，也是张扬想象力一个简单易学的方法。

（4）改头换面法。就是把一个具体的事物形象、情节、起因和结果等进行反复改组，创造出适合自己意愿的事物。比如，在变换时，可以把事物的形式变换成内容，根据事物的本质想象出它们的外表具体形象，或把它们的结构想象变换成内涵。

（5）组合嫁接法。把几种有特点的物体或现象嫁接组合在一起，想象出一种新形象。这种想象方法在我们的日常生活中非常常见。如现在人们热衷的电子治疗仪器，其中就把治病的药物与电磁信号进行组合，从而提高治疗效果。再如，把美女和鱼组合起来，就成为童话中善良的美人鱼，等等。

（6）仿生法。依据自己对某一生物的了解，将生物的某些特征，运用到我们的想象中。比如，由蝙蝠想到雷达，由猴子创造出孙悟空的形象，由猪想象出猪八戒的形象等。

（7）情急狂想。这是在某种紧急情况的逼迫下，大脑处于高度的积极思维下的急中生智，是在面对逼迫、压力而产生的想法。这就好像人的体力要在有一定负荷量的活动中，才能得到较好的锻炼，一颗“核弹”只有在裂变时它才能显出威力，而在平常是无法释放出它所蕴藏着的巨大能量一样。人的头脑也往往需要在紧急的情况下强制使用，才能充分发挥潜能。

我们大家所熟悉的《蓝色狂想曲》和《僧侣进行曲》都是激发狂想的产物。

美国著名的斯坎德爵士乐团曾几次请作曲家乔治·格什温为他们写一部交响乐，都被乔治·格什温拒绝了。斯坎德爵士乐团的指挥后来想出了一个逼迫乔治·格什温写出交响乐的主意。

一天，华盛顿的一家报纸上突然刊登了这样一条消息：“斯坎德爵士乐团三周后将上演作曲家乔治·格什温先生最新创作的一部交响乐。”这条消息登出后，乔治·格什温急得团团转，因为这部交响乐还连一点影子都没有哩！为了不影响自己的声誉，他只得硬着头皮闭门创作。两周后，乔治·格什温终于把一部交响乐的总谱交到了斯坎德爵士乐团指挥的手里。这部交响乐演出后获得了极大的成功，它就是世界著名的《蓝色狂想曲》。

而《僧侣进行曲》则是在著名作曲家莫扎特的歌剧《魔笛》首次正式公演前的最后彩排时，剧团主持人觉得第二幕开头的那一段需要改动一下。这一段是启幕后由一个歌手向一队僧侣唱一首抒情曲。主持人想这样改动，先让僧侣们按照仪式列队登场，然后再唱抒情曲。主持人走上舞台对坐在钢琴前的莫扎特提出要求：“我想在这里加几小节，加一段缓慢庄严的进行曲，你能马上完成吗?”时间如此紧迫，而莫扎特沉思了一下，回答道：“没问题。”急切的要求，短暂的时间，逼发了莫扎特的灵感，他很快就写出了优美动人的《僧侣进行曲》。

（8）纯粹想象。把思考对象置于纯粹状态，是人们在研究和认识事物内在的本质和规律时经常使用的方法，在这个过程中，往往要抛开一些因素，突出一些因素。例如，为了弄清一头牛体内血管的分布，在思考时可以把牛的毛、皮、肉、骨骼、内脏等全都舍弃掉，而想象出一头纯粹由血管构成的“牛”。这样“纯粹”以后的牛，虽然不再是一头活生生的、真实的牛，但它却能帮助我们更好地弄清牛体内血管的分布情况。

在科学世界里，许多取得了重大科学成果的著名科学家都是善于运用创造性思考，善于巧妙地进行纯粹想象的成功者。

爱因斯坦就是其中的一个。爱因斯坦曾想象过：当一个人坐在电梯里，电梯的绳子突然断了，这个人便开始了自由落体运动。这时，如果电梯里的人扔下手表，那么站在地上的人会看到，这只手表也以同样的加速度在下落。可是以电梯里的那个人看来，这只手表对于他来说却是静止不动的，仍然留在他的身边。运用这样的纯粹想象，爱因斯坦从中发现了“等效原理”。爱因斯坦在创建相对论的过程中设计过一系列的“思想实验”（英国数学家布罗诺夫斯基干脆把“思想实验”称为“想象实验”）。除了“电梯实验”外，爱因斯坦还进行过“火车实验”、“追踪光速实验”等其他的思想实验，它们都是纯粹想象的产物。

不懈探索赢得灵机一动

曾一段时间，在英国家庭使用的数百万台电脑中，大约有一半是用发明家辛克莱的名字命名的。这位以发明袖珍电脑和袖珍电视机而闻名于世的英国著名发明家在谈到袖珍电视机的设计过程时曾写道：“多年来我一直在想去掉显像管‘长尾巴’的方法。有一天，我突然灵机一动，想了个办法——将‘尾巴’做成90度弯曲，使它从侧面，而不是从后面发射电子，结果就设计出了只有三厘米厚的袖珍电视机。”

古往今来，有许多发明家都是像辛克莱这样，“灵机一动”就一下子解决了长期思考的问题。这种“灵机一动”进行思维的现象就属于灵感顿悟。

灵感是指长期思索某个问题得不到解答，而当不再思考它时，却又在某个场合突然对它有所领悟的一种特殊的思维现象。

这是一种奇特而又常见的思维现象。比如，有个人买了一个新书桌，而他的房间已经满了，根本没有空地方来摆这件家具。他设计来设计去，想了不少方案，甚至还画了若干张草图，结果都不行。当他不再想这件事，而去干别的事情的时候，头脑中却又突然冒出了一个他从来没有想到过的新方案来。这个突然冒出来的新方案，就是灵感（它可能一试就成功，也可能依然行不通）。许多人都曾有过类似的经历。应该说，灵感几乎在每个人的头脑中都曾不同形式、不同程度地出现过，只不过有些人已明显地意识到了，另一些人尚未觉察而已。著名科学家钱学森在《关于形象思维的一封信》中说："凡是有创造经验的人都知道，光靠形象思维和抽象思维不能创造、不能突破，要创造要突破得有灵感。"毫无疑问，灵感现象是普遍存在的客观事实，而且它在人们的创新活动中发挥着重要作用。

法国数学家密歇尔在叙述自己如何发现"四元数" 时说："1843年10月16日，当我和妻子步行在去巴黎的途中，走到布劳汉桥时，它们就来到了人世间，或者说出生了，发育成熟了。这就是说，此时此地我感到思想的电路接通了，而从中落下的火花就是I、J、K之间的基本方程。当我拿出笔记本，将它们记录下来，恰恰就是我以后使用的那个样子。这个问题已经缠住我15年多了，要是没有这一刻，我也许还得花上至少10年（也许15年）的时间来研究它。"

希腊的物理学家斯里多德被誉为"中子王"。1934年的一天，正在实验室里研究中子诱发放射性的问题的斯里多德忽然产生了一个念头：在入射中子前放置一块铅，看看会有什么变化。当他正准备放置铅时，奇怪的感觉使他想到："不，我不想把这块铅放在这里，我想放一块石蜡。"说完，他放下铅块，马上随手取了一块石蜡，把它放在原来准备放铅块的地方。结果，他得到了一个关于原子核裂变的关键性发现：如果使中子束事先通过石蜡来降低速度，那么当中子射中靶子时，就能极其有效地使靶中的原子核变得不稳定。这一重要发现正是来自于自发灵感。

现实生活中，我们要保持高度的警觉和敏感来迎接突然闪现的灵感。灵感具有突然来临、不受控制、不明踪迹、一闪而过、难以重现等特点。它可能来，也可能不来；也许这个时候来，也许那个时候来；它来得突然，去得匆忙。为了适应它的这种“不期而至”和“来去匆匆”，人们在对问题的思考过程中，不能不随时保持一定的警觉和敏感。“长期积累，偶然得之”，这是人们对灵感的简洁而中肯的概括。

培养孩子做事的注意力

保持良好的注意力，是大脑进行感知、记忆、思维等认识活动的基本条件。在我们的学习过程中，注意力是打开我们心灵的门户，而且是唯一的门户。门开得越大，我们学到的东西就越多。而一旦注意力涣散了或无法集中，心灵的门户就关闭了，一切有用的知识信息都无法进入。正因为如此，法国生物学家乔治·居维叶说：“天才，首先是注意力。”在培养孩子悟性的时候，可注意培养孩子的注意力。

下列方法可培养注意力：

（1）制订学习计划。在开始学习时，要提出具体明确的学习任务，同时限制自己完成这一具体学习任务的时间，形成一定的学习压力。有了一定的学习紧迫感，我们就能相对地更好地集中注意力，也有利于维持注意的稳定性。

（2）学习场所要单纯。单纯的学习环境，就是在学习时，把无关的图书杂志放在视线之外，各类学习用书、文具放在固定的地方，让自己随手可以拿到，以免因为寻找而中断学习。这就好像烧锅炉，冷却之后再加热就不方便，还要浪费时间精力。另外，学习环境也非常重要，应尽可能满足如下条件：空气清新（通风）、光线充足、安静舒适、没有使你分心的干扰源。学习时不宜谈话。有的人认为边听音乐边学习的效果好，实际上这种做法对学习总有一些妨碍。

（3）多种感官参与。多种感官参与学习，有助于维持注意力的稳定性。没有这种习惯的同学，学习的时候就要提醒自己手脑并用。如在听课时，要求自己边听，边想，边记笔记，这样上课就不容易走神；在阅读时，也要一边看，一边默读，一边做记号、写笔记，也有助于思想专一，让我们比较容易专心地看书，深入地理解文章。

（4）态度积极。对自己活动的对象持积极态度，是注意力高度集中的重要因素。我们都有这样的体验，如果别人要你做自己不感兴趣的事，心里就不舒服，做事情绪就不高。这就是心理上的不适应感觉。同样，学习也是如此。所以，当我们面对某门自己不感兴趣的学科时，也必须采取积极的态度，有了这样的心理作铺垫，无形之中学习的注意力就会高度集中。

（5）意志坚强。在学习过程中，内外部的干扰是随时可能发生的，有时还是不能避免的。这时，我们就要用我们坚强的意志来抵抗注意力的分散。当集中注意力出现困难时，要不失时机地告诉自己，一定要坚持，坚持到底就是胜利。这样，日渐一日，在反复的考验中，如果我们都能抵抗住考验，养成良好的学习习惯，注意力自然高度集中。

（6）善用“工具”。有一种工具叫做“视力引导工具”，从这个名字上看，我们就知道这不同于我们日常生活中的工具用品。确实，这种“视力引导工具”是用来帮助我们集中注意力的。很多人在念书读报的时候，常常把手指在字里行间移动；还有人在看书的时候习惯手拿一支笔，随手在书上画线。在这些过程中，手指、笔画就是我们说的“视力引导工具”，它们能让我们随时知道自己读到什么地方，同时还能改变视线移动的情况，使注意力更加集中。

（7）找到注意的“点”。德国哲学家康德，每次自己坐在书房中沉思的时候，总是将目光定点在远处风车的尖点上，一边专心注视，一边思考问题。听起来似乎很玄，其实道理很简单。当我们注视某一点时，视野就变得狭小了，意识的范围也就相对变得狭窄，人的心境就会变得宁静，我们的注意力也就能集中起来。在学习生活中，我们也可以效仿此法，选择一个点作为对象，如教室墙壁上的一个小黑点等。

一般而言，我们看一件事物时往往先从整体看局部，再从局部看整体；可是大部分时候，人们都只看自己想看的部分。典型的情况是，一旦掌握了整体的大致印象，我们就认为自己已经完全了解了，这就是所谓的“见林不见树”类型，粗心大意、性急或者比较浮躁的人都有这种倾向。反过来也有“见树不见林”的人，这种人只注意到细微处，却没能好好地掌握整体的意义。

训练孩子基础观察力

观察力是形成悟性的重要因素之一，观察是感知觉发展的最高形式，是在综合视觉能力、听觉能力、触觉和嗅觉能力、方位和距离知觉能力、图形辨别能力、认识时间能力等多种能力的基础上发展起来的，是根据一定的目的任务进行的有计划、比较持久的知觉。

观察力可以帮助人们得到周围世界的有关知识和信息，是悟性的基础。经研究证明，人的大脑所获得的信息，有80%到90%是通过视觉、听觉输入到大脑的。因此，训练观察力，要从基本的感知觉能力的培养入手。

（1）培养观察兴趣

有了兴趣，人们才会乐于对事物进行更细致更深入的观察；没有兴趣，观察者往往只能获得肤浅的和表面的印象。因此，培养青少年的观察兴趣，是展开观察的重要前提，让他们始终能保持一颗好奇心，这样就会对别人熟视无睹、司空见惯的现象多问一个为什么，从而可以比别人看到得更多，听到得更多，感受到得更多。渐渐地，他们的观察力就自然而然地提高了。

英国生物学家特罗特曾经说过：在科学上，设想的主要职责与其说是“真实”，不如说是有用而有趣，一旦对科学发生了兴趣，就能使人生发出巨大的精力，把终生精力献给自己感兴趣的事业。兴趣可以使达尔文把甲虫放进嘴里，可以使舍勒去尝氢氰酸，可以使陈景润十几年如一日，在一间斗室里，靠着手摇计算机，去摘取哥德巴赫猜想这一数学领域的皇冠。同样，兴趣对于观察也是一种强大的动力。

伟大的生物学家达尔文是一个带有传奇色彩的人物。他的《物种起源》，向世界说明了物种与人类起源的真相，是生物史伟大的革命性著作。那么，他为什么能够获得如此巨大的成就呢？他是如何走进科学殿堂的大门的呢？

达尔文年幼时就对自然界显露出强烈的好奇。中学阶段，这种好奇心越发有增无减，发展为一种浓厚的兴趣。他喜欢对各种问题寻根问底，特别热心于搜集各种动植物标本，常常因此而影响了对别的功课的学习。中学校长曾当众训斥他，可在强烈兴趣的驱使下，达尔文仍然坚持采集生物标本。而后在爱丁堡大学学习医学和剑桥大学学习神学期间，他依然把时间和精力用在阅读自然学科书籍和野外采集标本方面。对此，他曾诚挚地对父亲说："爸爸，我对探索自然界有一种由衷的兴趣。"

达尔文在生物学领域中的重大建树，与他对自然生物的浓厚兴趣是分不开的。正是由于对大自然感兴趣，他才会积极地从事这方面的活动，创立出伟大的学说。

对于青少年来讲，带着兴趣去观察，可以使之全身心投入，精力集中，产生极大的观察热情。兴趣不仅能提高观察质量，还将成为创造性观察的动力源泉。下面让我们来看看一位中学生的事迹：

杭州有位学生有一天经过西湖边时，忽然听见火车的叫声，于是仔细观察四周，发现浓雾弥漫，空气中充满了大量水气。他想到声音在水中传播比空气中快、远，认为今天能听到火车声是因为天气异常而引起的。他进一步做出了当天会有暴雨的预报。果然那天下了一场罕见的暴雨。

一个中学生能从火车的叫声中，结合自己所学的物理知识，推测出暴雨的来临，其观察力是十分敏锐的，这与他对自然现象的留心与注意是分不开的。他知道，声音在水和空气中的传播速度和远近不同，雾的形成是由于空气中水蒸气过多，湿度增大的结果。

感兴趣的观察，还需要积极进取、乐观向上的精神作保证。自信心正是制造这种精神的能源。一个人自信，他会变得头脑灵活，思维敏捷，他会对万事万物充满兴趣。自然，他的观察力就大大提高了。

日本著名指挥家小泽征尔在一次世界级的指挥大赛中，力克群雄，终于进入了决赛。在指挥决赛曲目时，他发现某个地方有误，便停下指挥。可是台下坐着的都是世界著名的作曲大师。他们异口同声说乐曲没有错误。小泽征尔只得继续指挥，他仍然认为乐曲有错，可评委们依然一致认为没有错误。到了第三次，小泽征尔高高举起指挥棒，坚定地说：乐曲错了。这时台下掌声雷动。原来这是一段考题，乐曲确实有错，以此考核选手面对权威，敢不敢坚持自己的意见。闯入决赛的另两位选手就因为不够自信，而放弃了自己的意见。只有小泽征尔才以高度的自信摘取了比赛的金牌。

认真，自信，聚精会神，处处留心，善用情感，充满激情，你就能具有不同寻常的观察力。

（2）养成良好的观察习惯

观察习惯常影响观察效果。培养观察习惯要从小做起，青少年时期形成的良好观察习惯，将对观察力的发展有着很大的影响。

我们来看一个善于观察的例子：一位外乡人因为找不到失散了的伙伴，心里万分焦急。正在这时，一个当地的牧民走过来。外乡人问牧民："你看到我的伙伴了吗？"牧民回答说："你的伙伴是不是个胖胖的瘸子？他的手里拄着手杖，牵着一头瞎了一只眼睛的骆驼，骆驼背上还驮着椰枣。"

外乡人听了，高兴地说："对！对！这正是我的伙伴。他在哪里？请快告诉我。"牧民笑笑说："请你原谅，我根本没有见到他。"听了牧民的话，外乡人很不高兴地反问他："你没有见到他，那你怎么知道我的朋友是什么样的？"

牧民用手指着地上对外乡人说："你看，这是人的脚印，左边的脚印比右边的脚印深一些，而且大一些，所以，我想象他是一个瘸子。你再看，他的脚印比我们的脚印要深得多，所以我想象他是一个胖子。”外乡人又问：“你怎么知道他牵的骆驼瞎了一只眼睛，驮的是椰枣呢？”牧民又回答说：“这头骆驼只吃右边的草，这说明它的左眼是瞎的。知道是椰枣也很容易，你看，地上聚集了很多蚂蚁，不正是椰枣的浆汁把它们吸引来的吗？”听完牧民的一番话，外乡人才恍然大悟：“原来如此！”

故事中的牧民养成了细致入微的观察习惯，良好的观察习惯将使观察者获得丰富、准确的信息，为进一步创新提供了感性的认识材料，而不良的观察习惯获得的观察结果不准确，就会影响观察者以后的创新。在这个意义上来讲，良好的观察习惯对创新成功的作用不亚于人们拥有创新的具体知识。

掌握技巧提高记忆力

记性与悟性是构成一个人智力的两个重要方面，它们互不相同，又互相联系，相辅相成。记性不好，悟性将受到很大的限制；悟性不好，记性也难以增强。因此，我们在学习和工作中要把记性训练同悟性训练结合进行，使它们同步发展，相得益彰。

记忆，按方式可分为概念记忆和行为记忆。

所谓的概念记忆，就是对某一事物的回忆。如，科技是第一生产力，大象的体重很重等。这些只是概念上的回忆。

所谓的行为记忆，就是对某一行为、动作、做法或技能等的回忆。如，踩单车、游泳、写字或打球等。这些记忆很久不用的话会生疏，但极少会遗忘。

据说，人的大脑的记忆能力，相当于1500亿台电脑（80G）的存储量。觉得记东西难，可能只是困、累，或精神不佳所致。

（1）感受能力是记忆力的前提

感受能力和记忆能力关系甚大。 人如果全部丧失了感受能力，记忆也就无从谈起了。即使仅仅某一感觉器官发生了障碍，也会给记忆带来困难。

感官健全的人的感官敏锐程度也是不一样的。某种专门感受能力对于记忆某种专门知识是非常必要的。如要学习某种外语，要正确掌握这种外语单词的发音， 就需要具有特别发达的听觉能力。

我们知道， 每一种语言的许多声音之间的差别是极其微妙的，人们的听觉感受能力在语言实践的影响下，才能得到充分的发展。有些人只会做书面的翻译，无法做口头的会话，甚至对地道的英语对话也听不懂， 这往往是因为其听觉感受能力差的缘故。反过来说，如果我们要学好某种外语，提高对它的听觉感受能力无疑是十分重要的。

毫无疑问，感受能力是记忆能力的前提，但是人们往往忽略这一点。许多人埋怨自己记性不好，却很少有人埋怨自己感官不灵活。实际上记忆不好的人，多半都是不善于运用感官或感觉迟钝的人，即所谓“视而不见，听而不闻”之人。因此，他们通过感官所得来的东西，大多是模糊的、笼统的、肤浅的和分散的，在脑海中留下的“印痕”很不深刻。而记忆力好的人，大都感受力很强。他们耳聪目明，嗅觉灵敏，映入脑中的印象比一般人要清晰、准确、详细而且全面得多，这样，记性自然要好。

各种感觉对于记忆的意义是不同的。据专家估计，在我们记住的东西中，有85%是通过视觉，11%是通过听觉，仅有4%是通过味觉、嗅觉和触觉获得的。

显而易见，训练感官，主要是训练耳目，提高视听能力。所以，只要我们的眼睛明亮起来，耳朵灵敏起来，“眼观六路，耳听八方”，记忆力就会得到相当的发展。

（2）有意识地记忆

外界的信息通过以眼睛或耳朵为主的感觉器官而被接受。可是，以视觉信息为例，我们看到某个对象时，映在视网膜上的影像充其量只能保持数百微秒，听觉信息也只能维持数秒的短暂时间而已。这些信息中，引起我们注意的就会进入短期记忆中，但顶多也只能持续15—30秒而已。

正是因为印象不能久留，所以需要训练记忆。例如，为了记住历史年号，于是我们反复背诵、练习押韵等，以便成功地将其转换为长期记忆。之后，当我们遇到需要想起这些记忆的场合时，便开始进行检索和再生。

但是，可以瞬间记忆下来的范围是有限的。一般而言，一个成年人瞬间记忆的范围大约在7强克左右。所谓强克是被记忆的最小单位，并不是绝对的个数。例如，直接记下“834279645963011”这个数列共需15个强克，可是如果将此数列以每三位数区分开来，形成“834. 279. 645. 963. 011”的话，就只剩下5个强克；如果能再找出一个谐音押韵来记的话，那就只有1个强克。

某个研究显示，两个原本只能正确记忆7个数字的大学生经过两年的持续训练，竟然可以一下子将82个数字一字不漏地背出来。

其中，成绩比较优秀的受测者因为身为长跑选手，所以在记忆时将数字替换成田径项目的数字，方法是将数字整合成一个组合，再将组合聚集起来形成更高等的组合，然后再将更高等的组合聚集在一起，形成更高一等的组合。

从这个例子看来，有意图的集中注意力的做法可以增进我们的记忆力。专家们也将这种有意记忆称为企图记忆。

再举一两个例子来说明企图记忆的重要性。在课堂上，如果老师特别提示教科书上的某个地方跟这次的测验有关，那么，就连平时常在课堂上打瞌睡，或者“不务正业”的学生也都会格外注意。由于仔细听、仔细看的意识会产生相当有效的注意力，所以多半会产生很好的记忆效果。

专家做了一个这样的试验，事先言明“待会儿将请各位做简单的计算，请将写在图形中的数字全部加起来作答。让各位观看的时间非常短，所以请大家要注意看”。然后把图拿给大家看两三秒之后随即盖起来。结果很明显，就连小学生也能够作答，因为企图记忆的意识已经启动了。

可是，如果再提出“顺便请各位回答那些写有各种数字的图形是什么形状”的问题，正确的解答率可能就变得非常低了，因为大家对图形并没有记忆的意识，这种学习就称为“偶发学习”。那么，是不是一旦没有某种意图，学习或记忆就不成立呢？

所谓“熟能生巧”，就算没有企图记忆的意图，但是只要不断做一件事情，也会同样起作用，其原理和意图学习是一样的。另外，较显眼或引起我们兴趣的事情，也会很自然地残留在记忆中，这点只要看看电视、报纸或车厢内的广告就知道了。在信息如此泛滥的现代，就算没有特别注意或记忆，但是在不知不觉中，其传达的信息也会停驻在脑海中被我们所记忆。从这一层意义来看，广告具有偶发学习的效果。

记忆的效果和记忆的目的有密切的关系，在其他条件相同的情况下，记忆的目的越明确，记忆的效率就越高。弗洛伊德认为：“意图是所有记忆与忘却的基础。人们所记忆的事物，应该是自己想要记忆的事物；所忘却的事物，也是自己想要忘记的事物。”

这说明只有明确的记忆目的才会有好的记忆效果。反之，就容易忘却。

（3）运用联想记忆

联想不失为记忆活动的一种有效的手段，然而有的时候难免会遇到怎么也联想不起来的情况，此时该怎么办呢？针对这种情况，马德华德教授认为，“最好要对记忆的事物创造一个背景，或提供一种环境”。比如说，当你在回想某诗句时，可能一时间想不起来，那么你就回过头想同一首诗中的另一句，用这一句的回忆唤起想要的那一句的印象。因为中国的诗，特别是古诗，在格律上是对仗的，往往讲起上一句就能想起下一句。

要想起别人的名字也是一样，不妨想想和他交往的情景，或者分手时的情景，想着想着，他的名字很可能就在你脑海中跳了出来。

记英文单词也一样， 可以借助它的出处或包含的典故来加深记忆。例如，若你知道“Uncle Sam”和“John Bull”的有趣故事，你便会深刻地记住“Uncle Sam”代表美国，而“John Bull”则代表英国，二者都是非正式的风趣的代名词。又如“Go Dutch”表示用餐后各自付账的意思，如果你了解该词组的典故，便能记忆它的意思并加以灵活运用了。

如果想了几遍都想不起来，那么就暂时抛开不去想它，说不定在偶然的一瞬间， 那件事物就会突然冒出来。 因为在那段时间，虽然你没有特意地停下来回想，但大脑实际上仍处于工作的兴奋状态，一旦受到一定信息的刺激时，那个事物便会立即出现。

联想记忆，是利用识记对象与客观现实的联系、已知与未知的联系、材料内部各部分之间的联系来记忆。这种方法需要有丰富的联想力，需要我们平时多进行练习。

比方说，对“水”这个事物，我们便可展开联想。首先有“潺潺的流水”、“蔚蓝的海水”、“碧波荡漾的湖水”；再把水拟化成人，它可以是“温柔纯洁的姑娘”，可以是“随波逐流的流浪者”，也可以是“如飞瀑般充满豪气的壮士”。此外，从水还可以联想到银色的沙滩，想到水贵如油的西亚及其他干旱地区，想到甘甜可口的饮料、矿泉水……以上便是无拘无束、海阔天空的自由联想。你也可以把上述联想按前面论述过的相似、相对及相邻或连接规律进行分类，看分别属于哪一种。进一步联想，你还可以联想到“飞流直下三千尺”“一江春水向东流”以及“泉水”“井水”“水车”……是否进行联想时，一定要先想到这么多？并不是的。这里只是举例说明，只要你愿意进行联想，还是有很多东西可以联想得上的。你不必羡慕那些作家，如果你常常进行类似的联想，并勤于观察、练笔，你也可以成为作家。

养成创造性思维习惯

对于思考，有的学生或许有这样的体验，不思考还好，一说要思考，要动脑，脑袋就疼。这事实上是不善思考，平时缺乏思考训练的表现。相反的，另一些学生却觉得思考是一件自然、轻松、快乐的事，这是因为他们掌握了思考的窍门，积极思考，于是学习就轻松，成绩就优秀。其实，每个人都有一个神奇的智慧宝藏，那就是人的大脑。但是，很多人并没有真正打开智慧之门，有效利用这个智慧宝库。生理学、心理学研究表明：人一生中仅仅用去大脑能量的20%左右，其余的智力潜能都处于沉睡之中。谁能将自己的潜能唤醒，充分发挥出来，谁就能成为生活、学习上的成功者。

关于思维力，教育学大师们总结了一些常见的创造性思维方法，这些方法包括：

（1）矛盾法

爱迪生成名后，就经常有人过来打扰。有一次，一个年轻人来找他，并告诉爱迪生自己想当他的助手，还说自己已经发明了一种能溶解一切物体的东西。爱迪生听后不置可否，只是笑笑说："如果溶解一切，那么又用什么来装它呢?"一句话问得那个年轻人哑口无言。爱迪生的一句话就抓住了主要矛盾，因此断定这种发明根本就不可能存在。

（2）逆转法

逆转法是指在思考问题的时候，从相反的方向、对立的角度去思考问题、解决问题的方法，就是我们常说的"反其道而行之"。逆转法看似荒唐，实际上一改正面的探索问题，而从反面角度出发去看问题，往往能让人产生独特的构思和新颖的观念，收到令人意想不到的效果。

我们在学习中，事实上常常无意间就用上了这种办法。比如，在解决数学题目的时候，可以用加法得到的和来验证减法的运算正误；用乘法得的积，可以用除法进行验证。科学家、发明家常常具备这种优异的品质。欧几里得几何学是同学们都熟悉的，沿用至今已有两千多年，匈牙利数学家亚·诺什18岁时就从相反的方向对此进行思考，从而创立了"非欧几何学"。在学习科学理论的时候，我们还可以运用逆转法对前人的理论进行验证，加深自己对理论的理解。

（3）分合法

分合法就是在思考的时候，把思考对象的有关部分进行分解或重新组合，以求找出解决问题的方法。曹冲称象就是这样一个典型例子。面对一只上万斤重的大象，而秤只能称200斤重量的时候，怎么来称这只大象呢？聪明的曹冲想到了一个好办法，他用大木船为“秤”，把大象分解为等量的石头，然后称出这堆石头的重量，那就是大象的重量了。

在日常生活中，这种思维方法也是很常见的。戴帽子的外衣就是帽子和上衣的组合，收音机和录音机连在一起就成了收录机。而我们大家常用的连着橡皮的铅笔就是美国一个中学生在学习时把铅笔和橡皮绑在一起使用而诞生的。我们在生活中也可以积极动脑，自己动手，分解、组合，“化腐朽为神奇”，“变无用为有用”。

（4）求同排异法

求同排异就是指在思考过程中，面对多种不同的情况，找出它们的共同因素，排除不相干的因素。这种方法其实是在形式逻辑思维中寻求因果关系的一种。

比如，在对许多地方的流行性甲状腺肿大进行调查的过程中，卫生保健人员多方调查，发现不同地区、不同气候、不同风俗民情的人们都有这种病，但是有一个共同点就是，这些人生活的土壤和水流中都缺碘，他们的饮食和饮水中也缺碘。经过各种分析比较验证，人们发现，缺碘就是引起甲状腺肿大的原因。

值得注意的是，这种方法不适用多种因果联系的分析。因此，我们在寻找原因的过程中，可以与其他方法相结合，以提高其可靠性。

（5）质疑法

质疑法就是在学习思考时，敢于提出问题，敢于挑战权威，不盲目从众，不受传统理论的束缚。“学贵知疑，小疑则小进，大疑则大进，疑者，觉悟之机也。一番觉悟，一番长进。”当然质疑不是没根据地乱说，它应该是建立在自己深入学习前人的知识经验并经过深思熟虑的基础上的。

数学家华罗庚在初中毕业之后，就自学数学。在自学过程中，发现了当时一位数学教授的公式推导有错，就大胆提出质疑，华罗庚本人也从此被人发现挖掘，成为著名的数学家。我们在学习中，也要敢于质疑，这是学习成功的重要途径。

（6）寻找缺点法

寻找缺点是指在解决问题的时候，把思考对象的缺点找出来，然后针对这些缺点，有的放矢地进行改进，从而成功地解决问题。这就如同我们完成一篇作文的时候，如果拿给有水准的人看，让他帮你找出一些不足，然后自己再把这些不足进行修改，就可能写出更好的文章。许多发明创造，科学研究就是用这种方法获得成功的。

诺贝尔物理学奖获得者李政道说："你要想在科学研究工作中赶上、超过人家吗？那你一定要摸清楚在别人的工作里，哪些地方是他们不懂的。看准了这一点，钻下去，一定有所突破，你就能超过人家，跑到前头去了。"他本人在一项研究中就运用了这一方法，他针对那个题目查阅有关资料，专门挑剔别人在这项研究中的缺点，闭门思索，潜心研究，仅用了几个月时间就提出了一种新的理论。

（7）变换角度法

一家玩具店的老板在自己店里显眼的地方摆了一个高架子，上面都是一些吸引人的玩具。但是他发现，来来去去的儿童走过这个高架子时，很少去注意高架子上的玩具。他很不高兴，但一直不明白为什么。后来，他换了个角度，试着从儿童的角度看问题，才发现，摆玩具的架子太高了，儿童的身高又有限，因此他们不能去注意高架上的东西。于是，老板就把高架撤走，把所有的玩具都摆在与孩子们的视线水平的地方，结果来购买玩具的孩子越来越多。

（8）求异法

这种求异法是指在两个或两个以上的情况下，在它们的差异中寻找原因的方法。如果某种现象在这种情况下是存在的，而在另一种情况下不存在，那么我们就可以在这两种情况中进行分析，找出它们中间的不同点，就是这种求异法。

比如，“黑洞之谜”的解决。在某山区，发现了一个很怪异的黑洞。猫、狗、鼠等动物走进去很快就倒地而死，而人走进去却不受影响，马、牛等动物也不会受到影响。研究人员对这两种情况进行对比分析，发现它们之间的差异是头部是否离地行走，如果头部靠近地面行走就会造成死亡。人们进一步考察发现，原来这个黑洞的地底释放二氧化碳气体，二氧化碳比空气的比重大，洞内又不通风，二氧化碳就沉积在地面上，所以头部靠近地面行走的动物是因为地面没有氧气，缺氧而死的。一个难解之谜就这样迎刃而解了。

这种方法也有一定的局限性。我们在应用过程中，要反复验证，并结合其他思维方式进行思考。

（9）打破常规法

一个人外出，途中大雨突至，他一没带任何雨具，二没戴帽子，结果全身湿透，但是头发却丝毫没有淋湿，这是为什么？如果我们按照正常思维，就很难想通头发为什么没湿。但是如果我们打破常规，换个角度，大胆设想他是秃子，问题就豁然开朗了。

（10）寻根究底法

一位姑娘深夜回家，在一条小巷里遇到几个歹徒，大喊救命，并从包中抽出一把手枪，情急之下向歹徒开枪射击，一个歹徒应声倒地。闻声而来的人们抓住了这些歹徒，但是对姑娘开枪杀人也不赞同。这时，却见倒地的歹徒又爬了起来。这又是怎么一回事呢？大家都摸不着头脑。原来，这个姑娘是动物园的驯兽员，那把手枪平时是用来麻醉动物的，是一把麻醉枪。许多情况下需要我们打破砂锅问到底，探问事情的究竟。

（11）逻辑推理法

北宋哲学家邵康节，一天晚上与他12岁的儿子在院子里乘凉。忽然，从院墙上探出一个人头，只见他迅速扫了一圈院子就又缩了回去。父子俩就猜这个人是干什么的。儿子说这个人肯定是个贼，不然怎么在别人家院子外探头探脑的。父亲却说这人只是个普通农民，说不定是来找牛的。又解释道，如果这人是贼，一看见人就会马上缩回头去，而这人是看了一圈以后才缩回去的，就说明他在找东西，而且这个东西目标大，所以他并不进院查看。再看他的打扮就能判定他是一个农民，于是可以推断出他是在找牛。儿子恍然大悟，又跑出去问，果然如此。

（12）随机应变法

一个老人去集市卖西瓜，途中劳累就在路边一间旧房休息。这是一座久没人使用，快要坍塌的房子。一个哑巴看见了，想告诉老人里面危险，快出来。可是他比划了半天，老人愣是不懂他的意思。眼看房子就要塌了，哑巴急中生智，抱起一个西瓜就往外跑，老人急了，怎么有买瓜不给瓜钱的？就追了出来。两人跑出不远，只听一声巨响，房子倒了。这里，哑巴用的就是随机应变法。

（13）排除法

厨房里的食物被人偷吃了，抓到三个嫌疑犯。在法庭上，法官审问三个嫌疑犯。

甲说："是乙吃的。"

乙说："是这样的。"

丙说："不是我吃的。"

这三个人说其中至少有一人说的是真话，至少有一人说的是假话。为了找出谁吃了食物，我们可以运用排除法。假设是乙吃的，那么这三个人都说了真话。这不可能，可以排除。假设是丙吃的，那么这三个人又都说了假话，因此也可以排除。再进行假设，我们就可以断定是甲偷吃了东西。

（14）观察法

在一次招考侦破人员的考试中，主考官对大家说名单忘在了外面另一所房子里了，夹在一本书的267和268页之间，要大家找出那张名单。结果大家一哄而出，都找名单去了。只有其中一人没动，作旁观状，好像事不关己的样子。结果，他被录取了。这是为什么？其实如果你平时注意观察事物，你的思维能力无形中就得到了提高，一转念就能做出判断：267与268页是一张纸的正反两页，根本就不可能夹住东西。而这一细节，只有在平时勤于观察才能发现。

（15）激发狂想思考法

激发狂想思考法是在某种紧急情况的逼迫下的情急生智，但要获得灵感必须做到：

①临危不乱。面临紧急情况，紧张是难免的，但必须保持镇静，避免慌乱，这是激发灵感产生的重要前提。如果做不到这一点，而只知道像热锅上的蚂蚁那样急得转圈圈的话，那么，情况无论多么紧急，也不可能产生灵感，而且还会情况越紧急，越产生不了灵感。因为灵感毕竟是通过显意识和潜意识共同"想"出来的，而并非"急"出来的。

②果断抉择。既然面临的情况紧急，对头脑中涌现的解决问题的种种想法和措施就不能犹豫不决、优柔寡断，而必须敏锐地权衡利弊，迅速做出抉择。

不仅在思想上不可犹豫不决、优柔寡断，还必须根据实际情况的需要和可能，果断地将思想上做出的抉择付诸行动，以免贻误时机。

重视潜意识接受梦的启示

奥地利药物学家维勒在奥地利格拉茨大学曾做过一个有名的“双蛙心灌注实验”：先刺激一只青蛙心脏的迷走神经，让它停止跳动几分钟，然后把这只青蛙心脏中的生理盐溶液灌注到另一只青蛙的心脏中去，于是另一只青蛙的心脏也停止了跳动。

这个实验非常简单，但是它第一次证明了神经能够靠化学媒介来传递兴奋和抑制，这种化学媒介就是著名的“乙酰胆碱”，它是动物体内最重要的神经介质，因此这个实验具有重要的意义。据维勒本人讲他的实验构想竟是来自于梦中。他说：“那年（1921年）复活节的前夜，我从梦中醒来，开亮灯后，在一张纸片上写下几行梦中所想到的计划，然后入睡了。第二天早晨六时起床，我想起夜间曾经写过一些很重要的东西，但由于字迹潦草，我怎么也辨认不出所写的是什么内容了。第二天晚上三点钟，梦中又出现了这个想法。这次我再不犹豫，立刻起床，跑进实验室，按照梦中所设计的方案，用蛙心做了这样一个简单的实验。”

人为什么能在睡梦中思考问题？而且还可能得到醒时反复思考都难以得到的问题的答案或启示。目前，科学所能提供的解释是这样的：人在清醒时反复思考某个问题，大脑皮层的某个相应的部位便形成了一定的优势“兴奋”区。入睡后，这个部位的脑细胞一般都被“抑制”了，但仍可能有一部分处于“兴奋”状态，这样能在睡梦中把醒着时思考的问题接下去继续思考。同时，人入睡后，清醒时思考某个问题所建立起来的脑细胞之间的联系便被切断了，睡梦中的继续思考（包括潜思维）代之以建立起脑细胞之间的新的联系。这样，也就有了可能在睡梦中获得清醒时思考难以得到的解决问题的答案或启示。

德国著名化学家凯库勒从1865年起就开始探索苯分子的化学结构，他曾先后设计出几十种可能存在的排列形式都被否定了。就在他一筹莫展的时候，梦帮助了他。他本人在描述当时的情景时说：“……事情进行得不顺利，我的心想着别的事了。我把长椅转向炉边，进入半睡眠状态。原子在我眼前飞动，长长的队伍，变化多姿，靠近了，连接起来了，一个个扭曲着，旋转着，像蛇一样。看！那是什么，一条蛇咬住了自己的尾巴，在我眼前轻蔑地旋转。我如同从电击中惊醒。那晚我为这个结果工作了一整夜。”后来，凯库勒在此基础上提出了苯的环状结构，导致了有机化学研究的重大革新。

美国发明家赫威在研制缝纫机过程中，多次试验都未获得成功。一天夜里，他梦见国王向他宣布了一道命令，如果24小时内不造出缝纫机来就要用长矛处死他。他看见矛尖上有小洞的长矛慢慢地升起，又慢慢地降下。一阵惊吓使赫威醒了过来，于是他便设计出了后来人们所使用的针尖在针眼中上下移动的缝纫机。

美国魏特亚轮船公司的总经理魏特亚，本来是一家小轮胎店的童工。由于在轮胎店里工作，成天同轮胎打交道，他有一段时间一天到晚都在想怎样才能使轮胎更耐摩擦，更富有弹性。后来，有一天晚上，他做了一个梦，梦见把橡胶和硫黄混合起来晒干后，就能变成一种更坚韧的橡胶。他感到仿佛是得到了神的启示。醒来后他马上跑出去，按照梦中所得的办法一试，果然制成了更坚韧耐磨、更富有弹性的橡胶。

英国剑桥大学的胡钦逊教授曾对各门学科的许多专家做过调查，70%的人都回答说，梦在他们的创造性活动中起过不同程度的作用。

而文学艺术家更是对梦情有独钟。我国宋代著名文学家苏东坡在梦中与杜甫讨论诗句“江流石不转，遗恨失吞吴”的故事流传至今。有人曾统计，宋代诗人陆游谈到梦的诗多达90余首。现代诗人何其芳在《写诗的经过》中说：“过去做旧诗的人常常有在梦中得到诗的经验，我那时就入迷到了那样的程度。有一次在梦中做成了一首诗……醒后，我把它补写成了一首题目叫做《爱情》的诗。”诗人马雅可夫斯基梦中得佳句：“我将保护和疼爱你，就像一个在战争中残废了的对任何人都不需要的士兵，爱护他的唯一的一条腿。”以及意大利作曲家培蒂尼在梦中创作出名曲《魔鬼之歌》，等等，更是早已成为人们所熟悉的美谈。

人的一生有大约三分之一是在睡眠中度过的。如果我们能够用其中的哪怕一点点时间去做有用的梦，它也将带给我们无数的帮助。梦是值得我们进一步加以重视、开发的宝贵的智力资源之一。

如何尽可能地运用梦中启迪，我们所能做的有以下几点：

第一，日有所思才能夜有所梦。要想在梦中获得问题的解答或启示，必须对问题长时间的思索，梦思维毕竟是要解决现实的问题。如果不具备有关的知识，不掌握必要的材料，不认真反复思考，而却寄希望于梦中出现奇迹，那简直是同守株待兔一样的可笑。

第二，要有对梦思维加以利用的意识。如果我们从思想上不认为、甚至根本不相信梦思维可以加以利用，就算在梦中我们真的获得启示也会失之交臂，更谈不上培养梦思维。

第三，要有正常的睡眠。睡眠的时间因人而异，各人的具体情况不一样，有的人需要得多一些，有的人可能需要得较少。但必须保证良好的睡眠让大脑得到充分放松，使显思维被抑制，潜思维更加活跃，梦中的灵光才能显现。

第四，要记住梦中所得。我们常常会做梦，醒来后又记不起来梦中的经历。所以若要记住梦中所得，就要争取及时醒来。

英国心理学家埃文斯曾向人们建议："把你的闹钟拨得比平常早十分钟，你也许会在一个梦中醒来，因为最后一个梦通常正好是在你醒来之前。"还应该注意醒来后保持一段时间似睡非睡的朦胧状态。这样就能使"梦境"在头脑中多"停留"一段时间，便于回忆梦中的情景。如果梦中已出现了所思考问题的答案或启示的话，也就便于及时把它从杂乱模糊的梦境中整理筛选出来。

养成良好的学习习惯

一个人的一生总是要学习的。在学习的过程中培养悟性不失为聪明之举。

在学习过程中，培养悟性要养成良好的思考习惯。

（1）要站在系统的高度把握知识

比如很多同学在学习中习惯于跟着老师一节一节地走，一章一章地学，不太在意章节与学科整体系统之间的关系，只见树木，不见森林。随着时间推移，所学知识不断增加，就会感到内容繁杂、头绪不清，记忆负担加重。事实上，任何一门学科都有自身的知识结构系统，学习一门学科前首先应了解这一系统，从整体上把握知识，学习每一部分内容都要弄清其在整体系统中的位置，这样做往往使所学知识更容易把握。

（2）追根溯源，寻求事物之间的内在联系

学习最忌死记硬背，更重要的是弄清楚道理，所以不论学习什么内容，都要问为什么，这样学到的知识似有源之水，有本之木。即使你所提的问题超出了所学知识范围，但这并不要紧，要紧的是对什么事都要有求知欲，好奇心，这往往是培养我们学习兴趣的重要途径，更重要的是养成这种思考习惯，有利于思维品质的训练。

（3）发散思维，养成联想的思维习惯

在学习中我们应经常注意新旧知识之间、学科之间、所学内容与生活实际等方面的联系，不要孤立对待知识，养成多角度地去思考问题的习惯，有意识地去训练思维的流畅性、灵活性及独创性，长期下去，必然会促进智力素质的发展。知识的学习主要是通过思维活动来实现的，学习的核心就是思维的核心，知识的掌握固然重要，但更重要的是通过知识的学习提高智力素质，智力素质提高了，悟性水平也就相应提高。

（4）在学习过程中要有三种学习精神

①不唯书。古人云："尽信书，不如无书。"在我们的学习中，书本是我们学习的重要材料，但是，这里应当明确两个问题：a.科学总是发展着的知识体系，我们所学的知识和方法不可能都是毫无缺陷的。这就需要我们多动脑筋，在思考的基础上敢于怀疑，大胆探索，提出我们自己的观点和看法。b.人们对事物的认识过程总是多次反复才能完成的。也许我们的怀疑是错误的，我们提出的观点和见解是不正确的，但正是从这种错误与正确的交锋中才能获得正确的认识。所以，我们提倡不唯书，并不是为了否

定书，而是为了培养一种创新精神，培养自己的感悟力。

②不唯师。在学生时代的学习中，多数学生上课时只会认真听讲，把老师的板书一字不差地抄录下来，课后进行消化吸收，但却很少能发现问题、提出问题，老师讲什么是什么，教什么学什么，把自己变成了一个“知识容器”。瑞士著名的教育心理学家皮亚杰曾说过；“教育的主要目的是培养能创新的而不是简单重复前人已做过的事的人。”所以，我们主张学生要多与老师交流，当对老师讲的有疑问或有不同看法时，要敢于坚持自己的观点，敢于向老师质疑，甚至与老师争论，在争论中我们失去的只是错误，而得到的除了正确的认识外，更重要的是智力的发展和悟性的提高。

③不唯一。对于一个知识的理解，可以从不同的角度去认识；对于一道题的求解，可以有不同方法；对于一个实际问题，可以从不同学科去分析解决。世界本身就是一个多样化的世界，我们学习的目的绝不是为了追求唯一的答案。所以，我们在学习中必须具备这种“不唯一”的意识和精神，尽可能寻求更多解决问题的途径，养成多方面、多角度认识问题的习惯，训练思维的灵活性和变通性。

在学习过程中要注重思维品质的培养，这是提高悟性的关键。

通俗地讲，人们在工作、学习、生活中每逢遇到问题，总要“想一想”，这种“想”，就是思维。它是通过分析、综合、概括、抽象、比较、具体化和系统化等一系列过程，对感性材料进行加工并转化为理性认识及解决问题的。我们常说的概念、判断和推理是思维的基本形式。无论是学生的学习活动，还是人类的一切发明创造活动，都离不开思维，思维能力是学习能力的核心，培育高品质的思维是我们最重要的学习任务之一。

为此我们提倡在进行思维方面要重视培养思维的以下方面：

——敏捷性

是指思维活动的反应速度和熟练程度，表现为思考问题时的快速灵活，善于迅速和准确地做出决定、解决问题。培养思维的敏捷性应注意：①熟练掌握基础知识和基本技能，熟能生巧。②课堂听讲超前思维，抢在老师讲解之前进行思考，把课堂接受知识的过程变成思维训练的活动。③定时作业，有意识地限定时间完成学习任务。

——深刻性

是指思维活动的抽象和逻辑推理水平，表现为能深刻理解概念，分析问题周密，善于抓住事物的本质和规律。培养思维的深刻性应注意：①追根究底，凡事都要去问为什么，坚决摈弃死记硬背。②积极开展问题研究，养成深钻细研的习惯。

——整体性

指善于抓住问题的各个方面，又不忽视其重要细节的思维品质。考虑问题，总是从整体出发，能够很好地处理整体与局部关系。培养思维的整体性应注意：①站在系统的高度学习知识，注重知识的整体结构，经常进行知识总结。②寻找新旧知识的联系与区别，挖掘共性，分离个性，在比较中学习新知识。③注重知识的纵横联系，在融会贯通中提炼知识，领悟其关键、核心和本质。

——创造性

指思维活动的创造意识和创新精神，不墨守成规，求异、求变，表现为创造性地提出问题和创造性地解决问题。培养思维的创造性应注意：①加强学习的独立性，保持应有的好奇心。②增强问题意识，在课堂听讲和读书学习中，注意发现问题，提出问题。③注重思维的发散，在解题练习中进行多解、多变。

窍门来自经验的积累

生活中的许多窍门都是从经验中得来的，经验越多窍门越多。比如，天热了，清凉的椰汁深受人们的欢迎，挑选时将椰子晃一晃，若水声清脆，则椰汁多。若喜吃椰肉，则应选手感较重，摇起来较沉的椰子。又如，你不小心把饭烧煳了，别着急，此法可帮你轻松除去煳味，将8–10厘米长的葱洗净，插入饭中，盖严锅盖，片刻煳味即除。这样的小窍门都来自生活经验。

因此，注重积累是丰富经验的有效途径。

积累需要时间，有个成语就叫日积月累。积累是一个过程，一个从无到有、由小到大、从少到多的发展过程。

你要积累的东西起初可能是零星的，很不起眼，但千万不要小看它，因为万丈高楼是由一砖一瓦盖起来的。

许多积累是无形的，肉眼根本看不见，因为它只存储在人的头脑中，比如说经验这东西，人的经验来自实践，丰富的经验是从反复的实践中积累起来的。生活中一些人做事情很有窍门，这种窍门就是经验的反映和体现。一个人积累的经验越多就越成熟，就像一个人积累的知识越多就越聪明一样。

对于一个人来说，时刻离不开积累，一生都在积累。积累是一座桥，它会帮你很容易地跨过湍急的河流到达对岸；积累也是不容易的，其中的“累”字是不是也在暗示人们：积累是很累人的事。积累是人生之旅的一个行囊，你背着它上路，它就开始检验你的毅力和耐力，同时，行囊里也会装满收获，于是你便拥有了许多生活的乐趣和人生的感悟，因此说，积累本身就是一种积累。

第五章　测测自己的悟性有多高

人的悟性高低是可以测评的，但对悟性的测评不同于智商和情商那样按照一定的范式来进行。这与悟性所具有的自身特点有关，因为人的悟性的形成既有主观上遗传因素的影响，又有客观上社会环境因素的影响，所以，对它的测定往往是通过一个人对事物所进行处理的结果来做评判标准。

一　悟性的测定很复杂

智商和悟性都是人重要的心理品质，都是事业成功必不可少的重要基础。通过智商和悟性的测定，正确认识智商与悟性这种心理品质之间的差异和联系，有利于更好地认识人自身，有利于培养人类更健康、更优秀的心理品质。

智商与悟性的异同

首先智商和悟性是两种不完全相同的心理品质。智商是用以表示智力水平的工具，也是测量智力水平的通常手段，智商的高低反映着智力水平的高低。智商主要反映人的认识能力、思维能力、语言能力、观察能力、计算能力、律动能力等，主要表现为人的理性能力。

而悟性是智商和情商的总和，是人的综合素质的一种体现。悟性不但反映一个人的理性能力，也反映一个人感受、理解、运用、表达、控制和调节自身情感的能力，以及处理自己与他人之间的情感关系的能力。很多时候悟性是非理性、非逻辑性的。

其次，智商和悟性的形成基础不同。虽然二者都与遗传因素有关，与环境因素有关，但它们与遗传环境因素的关系是有着相当的区别的。智商与遗传因素的关系远远大于与社会环境因素的关系，调查结果表明，约70%-80%智力差异源于遗传基因，20%-30%的智力差异为受到不同的环境影响所致。

而悟性既有遗传因素的影响，又有社会环境因素的影响，因为悟性不但包括智商，也包括情商。情商的形成和发展，先天的因素也是存在的。例如，人类的基本表情通见于全人类，具有跨文化的一致性。美国人艾克罗的研究表明，从未与外界接触过的新几内亚人能够正确地判断其他民族的情感。但是情感又有相当的文化差异，不同的民族情感的表达方式各不相同。人类学研究表明，原始人类的情感与文明人的情感有极大的差异，他们喜怨无常，自控能力差。从人的研究中可以看到，人的情感易受社会环境的影响。正是由于情商易受社会环境影响，而智商更多的受遗传因素影响，悟性的形成基础就显得更为复杂，因此也就有顿悟、渐悟的争论。

第三，智商与悟性的作用有所不同。智商主要作用于更好地认识事物。智商高的人，思维活跃，学习能力强，认识能力强，思想深刻，容易在某个专业领域作出重大的成绩，还可能成为某一领域的专家。

而悟性不但与理性因素有关也与非理性因素有关。悟性是一种对世界、社会、人生、自然、事物的分析、理解的能力。悟性思维的过程不是逻辑推理的过程，而是对比、相似、联想等一系列复杂的思维过程，智商更多的反映了个体的生物学特征，而悟性不但反映个体的生物学特征，也反映了个体的社会学特征，悟性在一定程度上反映了个体的综合素质。

另外，悟性产生的首要前提是人对客观事物的深刻认识和在艺术创造上的不倦努力。比如作家必须有一个长期积累、反复思考，以至殚精竭虑的实践过程才能产生悟性。如果闭目塞听，浑浑噩噩，无所用心，何来悟性。

悟性不是从天上掉下来的，是人脑进行创造活动的产物。德国著名科学家黑姆霍兹在心理学、生理学、物理学等几个学科领域都有着重要的发明和发现。他在庆祝自己70岁诞辰的宴会上，报告自己对创造工作的感情问题时说："就我经验范围来说，首先，始发必须把问题在一切方面翻来覆去地考虑过，弄到我脑子里，掌握了这个问题的一切角度和复杂方面，能够不用写出来，而自如地从头想到尾。"通常没有长久而艰苦的预备劳动而要达到这一地步是不可能的。

许多科学家和艺术家的事例表明，悟性往往是在经过紧张的思索之后的暂时轻松状态下产生的。或在临睡前，或在散步，或上下班时骑车、走路，或穿衣服、洗澡，或从事轻松活动，或在花园里赏花搞园艺，或打高尔夫球、听音乐、钓鱼，或幻想，或与人讨论、交谈、争辩，甚至养病中，等等。

悟性比智商难测定

智商测定与悟性测定相比要显得简单明了一些，也更容易一些。

智商就是智力商数。智力通常叫智慧，也叫智能，是人们认识客观事物并运用知识解决实际问题的能力。智力包括多个方面，如观察力、记忆力、想象力、分析判断能力、思维能力、应变能力等。智力的高低通常用智力商数来表示，用以标示智力的发展水平。

1905年法国心理学家就制定出第一个测量智力的量表——比奈–西蒙智力量表，1922年传入我国，1982年由北京吴天敏先生修订，共51题，主要适合测量小学生和初中生的智力。美国韦克斯勒编制了韦克斯勒成人智力量表（WAIS），儿童智力量表（WISC），适用4岁–6岁儿童的韦氏幼儿智力量表（WPPSZ）。韦氏量表于20世纪80年代中后期引进我国，经过修订出版了中文版，因而应用较广。

智商有两种，一种是比率智商，即：智力年龄÷实足年龄＝智力商数。如果某人智龄与实龄相等，他的智商即为100，标示其智力中等。另一种是离差智商，把一个人的测验分数与同龄组正常人的智力平均数之比作为智商。现在大多数智力测验都采用离差智商。

①为了准确表达一个人的智力水平，智力测量专家提出了离差智商的概念，即用一个人在他的同龄中的个对位置，即通过计算受试者偏离平均值多少个标准差来衡量，这就是离差智商，也称为智商（IQ）。

②比如说，两个年龄不同的成年人，一个人的智力测量得分高于同龄组分数的平均值，另一个的测验分数低于同龄组的平均值，那么我们就做出这样的结论：前者的IQ比后者高。

③目前绝大多数智力测量都用离差智商（IQ）来表示一个人的智力水平。

④人群的智力分布。在现代典型的智力测验中，设定主体人口的平均智商为100，则根据一定的统计原理，一半人口的智商，介于90—110之间，其中智商在90—100和100—110的人各占25%。智商在110—120的占14．5%，智商在120—130的人占7%，130—140的人占3%，其余0．5%人智商在140分以上。另有

25%的人智商在100分以下。

⑤智力超常和智力低下。智力测验问世后，要区别智力的差异就变得容易起来。人们发现智商极高（IQ在130分以上）和智商极低的人（IQ在70分以下）均为少数，智力中等或接近中等（IQ在80—120分）之间者约占全部人口的80%，智力超过常态者，我们称之为智力超常，那些智力低于常态者，我们称之为智力低常。

情商(EQ)又称情绪智力，是近年来心理学家们提出的与智力和智商相对应的概念。它主要是指人在情绪、情感、意志、耐受挫折等方面的品质。以往认为，一个人能否在一生中取得成就，智力水平是第一重要的，即智商越高，取得成就的可能性就越大。但现在心理学家们普遍认为，情商水平的高低对一个人能否取得成功也有着重大的影响作用，有时其作用甚至要超过智力水平。那么，到底什么是情商呢?

美国心理学家认为，情商包括以下几个方面的内容：一是认识自身的情绪。因为只有认识自己，才能成为自己生活的主宰。二是能妥善管理自己的情绪，即能调控自己。三是自我激励，它能够使人走出生命中的低潮，重新出发。四是认知他人的情绪。这是与他人正常交往，实现顺利沟通的基础。五是人际关系的管理，即领导和管理能力。

情商的水平不像智力水平那样可用测验分数较准确地表示出来，它只能根据个人的综合表现进行判断。心理学家们还认为，情商水平高的人具有如下的特点：社交能力强，外向而愉快，不易陷入恐惧或伤感，对事业较投入，为人正直，富于同情心，情感生活较丰富但不逾矩，无论是独处还是与许多人在一起时都能怡然自得。专家们还认为，一个人是否具有较高的情商，和童年时期的教育培养有着密切的关系。因此，培养情商应从小开始。

从智商和情商的测定中，我们不难看出，智商的测定要容易一些，情商的测定要困难一些。悟性在某种意义上说，是一个人的综合素质的体现，是智商与情商之积。因此，悟性的测定要更复杂得多，困难得多。

二　悟性的测评之重

任何事物都有主有次，抓住主要的则“纲举目张”。同样，悟性测评也是有重点的，测评的重点就是悟性培养的重点。这对悟性培养意义重大。

重在思维方式的测定

相当程度上悟性水平是由思维方式所决定的。根据不同的原则，思维可以划分为不同的思维或思维方式。

根据思维的凭借物和解决问题的方式，可以把思维分为直观动作思维、具体形象思维和抽象逻辑思维。

（1）直观动作思维

直观动作思维又称实践思维，是凭借直接感知，伴随实际动作进行的思维活动。

实际动作便是这种思维的支柱。幼儿的思维活动往往是在实际操作中，借助触摸、摆弄物体而产生和进行的。例如，幼儿在学习简单计数和加减法时，常常借助数手指，实际活动一停止，他们的思维便立即停下来。成人也有动作思维，如技术工人在对一台机器进行维修时，一边检查一边思考故障的原因，直至发现问题排除故障为止，在这一过程中动作思维占据主要地位。不过，成人的动作思维是在经验的基础上，在第二信号系统的调节下实现的，这与尚未完全掌握语言的儿童的动作思维相比有着本质的区别。

（2）具体形象思维

具体形象思维是运用已有表象进行的思维活动。

表象便是这类思维的支柱。表象是当事物不在眼前时，在个体头脑中出现的关于该事物的形象。人们可以运用头脑中的这种形象来进行思维活动。在幼儿期和小学低年级儿童身上表现得非常突出。如儿童计算3+4＝7，不是对抽象数字的分析、综合，而是在头脑中用三个手指加上四个手指，或三个苹果加上四个苹果等实物表象相加而计算出来的。形象思维在青少年和成人中，仍是一种主要的思维类型。例如，要考虑走哪条路能更快到达目的地，便须在头脑中出现若干条通往目的地的路的具体形象，并运用这些形象进行分析、比较来做出选择。在解决复杂问题时，鲜明生动的形象有助于思维的顺利进行。艺术家、作家、导演、工程师、设计师等都离不开高水平的形象思维。学生更需要形象思维来理解知识，并成为他们发展抽象思维的基础。

形象思维具有三种水平：第一种水平的形象思维是幼儿的思维，它只能反映同类事物中的一些直观的、非本质的特征；第二种水平的形象思维是成人对表象进行加工的思维；第三种水平的形象思维是艺术思维，这是一种高级的、复杂的思维形式。通常所说的形象思维是指第一种水平。

（3）抽象逻辑思维

抽象逻辑思维是以概念、判断、推理的形式达到对事物的本质特性和内在联系认识的思维。

概念是这类思维的支柱。概念是人反映事物本质属性的一种思维形式，因而抽象逻辑思维是人类思维的核心形态。科学家研究、探索和发现客观规律，学生理解、论证科学的概念和原理以及日常生活中人们分析问题、解决问题等，都离不开抽象逻辑思维。小学高年级学生的抽象逻辑思维得到了迅速发展，初中生这种思维已开始占主导地位。初中一些学科中的公式、定理、法则的推导、证明与判断等，都需要抽象逻辑思维。

儿童思维的发展，一般都经历直观动作思维、具体形象思维和抽象逻辑思维三个阶段。成人在解决问题时，这三种思维往往是相互联系，相互补充，共同参与思维活动，如进行科学实验时，既需要高度的科学概括，又需要展开丰富的联想和想象，同时还需要在动手操作中探索问题症结所在。

根据思维过程中是以日常经验还是以理论为指导来划分，可以把思维分为经验思维和理论思维。

①经验思维

经验思维是以日常生活经验为依据，判断生产、生活中的问题的思维。例如，人们对“月晕而风，础润而雨”的判断；儿童凭自己的经验认为“鸟是会飞的动物”；人们通常认为“太阳从东边升起，往西边落下”等都属于经验思维。

②理论思维

理论思维是以科学的原理、定理、定律等理论为依据，对问题进行分析、判断的思维。例如，根据“凡绿色植物都是可以进行光合作用的”一般原理，去判断某一种绿色植物的光合作用。科学家、理论家运用理论思维发现事物的客观规律。教师利用理论思维传授科学理论，学生运用理论思维学习理性知识。

根据思维结论是否有明确的思考步骤和思维过程中意识的清晰程度，可以把思维分为直觉思维和分析思维。

①直觉思维

直觉思维是未经逐步分析就迅速对问题答案作出合理的猜测、设想或突然领悟的思维。例如，医生听到病人的简单自述，迅速做出疾病的诊断；公安人员根据作案现场情况，迅速对案情作出判断；学生在解题中未经逐步分析，就对问题的答案做出合理的猜测、猜想等的思维。

②分析思维

分析思维是经过逐步分析后，对问题解决做出明确结论的思维。例如，学生解几何题的多步推理和论证；医生面对疑难病症的多种检查、会诊分析等的思维。

根据解决问题时的思维方向，可以把思维分为聚合思维和发散思维。

①聚合思维

聚合思维又称求同思维、集中思维，是把问题所提供的各种信息集中起来得出一个正确的或最好的答案的思维。例如，学生从各种解题方法中筛选出一种最佳解法；工程建设中把多种实施方案经过筛选和比较找出最佳的方案等的思维。

②发散思维

发散思维又称求异思维、辐射思维，是从一个目标出发，沿着各种不同途径寻求各种答案的思维。例如，数学中的“一题多解”；科学研究中对某一问题的解决提出多种设想；教育改革的多种方案的提出等的思维。

聚合思维与发散思维都是智力活动不可缺少的思维，都带有创造的成分，而发散思维最能代表创造性的特征。

根据思维的创新成分的多少，可以把思维分为常规思维和创造性思维。

①常规思维

常规思维是指人们运用已获得的知识经验，按惯常的方式解决问题的思维。例如，学生按例题的思路去解决练习题和作业题，学生利用学过的公式解决同一类型的问题等。

②创造性思维

创造性思维是指以新异、独创的方式解决问题的思维。例如，技术革新、科学的发明创造、教学改革等所用到的思维都是创造性思维等。

“悟性”思维活动主要表现为分析思维、直觉思维、聚合思维、发散思维等。如果一个人这些思维能力强，就说明这个人的悟性水平相对也较好。

重在创造能力的测定

悟性本身就是一种创造力。这种创造力不仅在自然学科中有体现，在人文艺术方面也有体现，悟性的这种创造力是全方位的。

创造力的主要成分是发散思维，即无定向、无约束地由已知探索未知的思维方式。按照美国心理学家吉尔福德的看法，发散思维当表现为外部行为时，就代表了个人的创造能力。其行为表现有三个特征：①变通性。思维能随机应变，举一反三，不易受功能固着等心理定势的干扰，因此能产生超常的构想，提出新观念。②流畅性。反应既快又多，能够在较短的时间内表达出较多的观念。③独特性。对事物具有不寻常的独特见解。聚合思维在创造能力结构中同样具有重要作用。所谓聚合思维是指利用已有定论的原理、定律、方法，解决问题时有方向、有范围、有程序的思维方式。发散思维与聚合思维二者是统一的、相辅相成的。

人们在进行创造性活动时，既需要发散思维，也需要聚合思维。任何成功的创造性都是这两种思维整合的结果。创造力与一般能力有一定的关系，研究表明，智力是创造能力发展的基本条件，智力水平过低者，不可能有很高的创造力。另外，创造力与人格特征也有密切关系，综合多人研究的结果表明，高创造力者具有如下一些人格特征：兴趣广泛，语言流畅，具有幽默感，反应敏捷，思辨严密，善于记忆，工作效率高，从众行为少，好独立行事，自信心强，喜欢研究抽象问题，生活范围较大，社交能力强，抱负水平高，态度直率、坦白，感情开放，不拘小节，给人以浪漫印象。

一个人有无创造力，创造力的强弱直接决定着这个人悟性的高低。

重在触类旁通能力的测定

触类旁通是指掌握了某一事物的知识或规律，对同类问题也可以类推了解的方法。要做到触类旁通，没有悟性是不可能的。触类旁通是指掌握了某一事物的知识或规律，对同类的问题也可以类推了解的方法。比如，鲁班手指被草叶划破从而发明了锯子。

法国天文学家勒维烈，根据万有引力的理论和天王星的运动情况，应用触类旁通的方法，并进行综合分析，于1846年成功地预言：在天王星之外还有一颗未知的行星——海王星。由此可见，触类旁通能力是测评悟性水平的一个不可或缺的重要组成部分。

世界上的事物形形色色，但同类的事物是相通的。叶子虽然形状各异，但却有相同的性质。雪花是水的凝结物，它们也有着共同性。映照在千万条小河中的千万个月亮，也都来自天上的同一轮明月。

同类事物可能有着同样的组成，遵循同样的规律。既然是同类相通，我们便可以触类旁通，以一知十。一叶落可知天下秋，从树上的叶子落下来了，就可以知道萧瑟的秋天就要来了。以一知一，不算是智慧；以一知十，以类相推，那才是智慧。而这一智慧是通过感悟、体会、观察得来的，认识了一个原理，我们可以举一反三，从一种事物认识到的原理，可以作为认识新事物的工具；这种思维的方法，就是触类旁通方法。

拱形，能分解所受的压力，有较强的抗压强度。有名的赵州桥，是一个拱形结构。正是这种拱形结构，使这座名桥经历了一千多年的风雨。这是物理学的原理，因此拱形结构被广泛地应用于建筑领域。

鸡蛋牢固吗？用手捏鸡蛋，是很难捏得碎的，因为鸡蛋壳无论从哪个剖面看，都是一种拱形结构。人们把这种拱形结构运用在建筑上，发明了薄壳拱形屋顶。它就像一只鸡蛋壳那么轻巧而又坚固。

大坝建造的时候，设计师们总是把它造成突出的弧形，这也是一种拱形，一种水平的拱形，它有很高的抗波浪、抗水压的能力。正是因为人们“悟”到了拱形能分解压力，才有了拱形在实际上的应用。

知识可以推广，知识也可以迁移。我们可以以一知十，以近知远，以易知难，由此及彼，触类旁通。

抓斗能轻便地起颗粒状货物，但是，抓吊木头，它就束手无策了，只能用原始的方法来起货。青岛港包起帆想，人们能发明抓沙子的抓斗，为什么不能发明抓木头的抓斗呢？他想到了农民用钗整理稻草。他想到了人们怎么用手抓起筷子。理稻草，抓筷子，抓木头，虽然大小不同，轻重不一，但是却有相同之处。包起帆由此及彼，想到了抓木头的抓斗的思路。你看，抓斗中的细长的抓手与修长的手指是有相通之处的。触类旁通，抓木头的抓斗便被发明出来了。

世界上没有万能工具。这种抓木头的抓斗抓起铁块来，又显得十分笨拙。新的工具等待发明家去创造。

包起帆想到，抓斗抓铁块，先要插进去，才能抓得起。他又想到了农民用尖尖的铁锹掘进坚硬的土壤里，进入硬地的工具要又尖又硬，进入碎铁块的抓斗也要又尖又硬。运用这个共通的道理，他又发明了抓铁块的抓斗。

触类旁通的思维方法，又一次显示出智慧的魅力。打开智慧的钥匙正是悟性。

包起帆的发明，总是从同类的工具中寻找启示、寻找借鉴。然后用类似的原理或类似的形状去实现自己的发明。同类的事物中存在着发明的种子。

触类旁通的思维方法，在各个不同的领域，给人们提供发明和发现的启示，它成了人们通向成功的向导。

在世界各地都有当地时间，要显示各地不同的时间，就要用7–8个时钟。梅钟想，能不能用一个时钟来取代许多个时钟呢?这个钟该怎么设计呢?

问题是成功的起点。但提出问题并不等于解决问题。他一时找不到思路。他在思考，在求索。

一天，他对着一个微微压扁了的地球仪出神。他的眼睛发亮了。他思考着，如果地球仪被压成了一个平面，这样，南半球的投影和北半球的投影正好重合在一起。压扁的地球仪，不就成了一个全球性的时钟了吗?地球仪的经线，不就是时间的尺度吗?梅钟从地球仪和时钟中悟到了共同的“类”。他成功了，地球时钟就这样诞生了。

市政建设中，打桩机已经立下了“汗马功劳”，但是，那震耳欲聋的噪音搞得人们不得安宁，它喷出的黑烟严重地污染着环境。城市建设呼唤着无噪声无污染的打桩机。工作时悄无声息的油压机打开了人们的思路。油压机和打桩机，都是运用压力。从功能上看，它们做的是同一类工作。于是，人们设计制造出了一台大型的油压打桩机。它没有声音，也没有烟灰。它的发明也是触类旁通思维方法的丰硕成果。

寻找事物之间相同的东西，通过“悟”和体会，进而可以获得解决问题的智慧。不难看出，触类旁通能力的测定是悟性测定的重要一环。

重在认识事物联系能力的测定

能够清晰地体悟到事物的联系，对悟性水平的提高有着至关重要的意义，也是测定悟性水平的一个重要依据。其实事物各组成部分之间，事物与事物之间都是存在着广泛的联系的。

人要生存就要吃饭，我们吃饭就要用到口、胃、肠等器官。如果把人的这些器官拿掉一个人还能吃饭吗？进一步说谁能指出人哪一个器官是可以拿掉的吗？

答案是否定的，这种事物内部各个要素之间不可分割、相互影响的关系就是事物的内部的联系。这种联系存在于世界上各个事物的内部，小到原子，由原子核和围绕它旋转的电子组成的相互联系的系统而构成的整体；大到自然界如地球，由地核、地幔、地壳三大部分的相互联系构成的整体，都说明了这个问题。

事物内部有相互影响和相互制约的关系，事物之间也是如此，世界上的事物都与周围其他事物处于相互联系之中，这些周围的事物是该事物生存和发展的条件。失去了周围的事物，那么也就失去了自身发展的条件。

在北欧有一种麋鹿十分珍贵，当地人为了保护它们就把它们的天敌狼全部杀光了，但是大家惊奇地发现麋鹿的数量经过一个短暂的上升之后，就猛烈的下降，后来科学家经过研究发现，麋鹿由于没有了狼这一天敌，数量的确有短暂的上升，但是没有天敌的影响使得它们疏于锻炼，以至体质降低，不能适宜北欧残酷的自然条件，因而大量死去。可见，鹿不仅和周围的水草有联系，就是和它的天敌狼之间也有着密切的联系。人们感悟到了事物之间的这种联系，体会到了破坏生态平衡的严重性。在感悟事物之间的联系过程中，悟性水平有了相当的提升，因为认识事物联系的能力有了提升。

任何事物都不是孤立存在的，而是与周围其他事物相联系的。这是事物横的方向四面八方的联系，事物还表现为纵的方面前后相继的联系。现在的事物与过去的事物、未来的事物都存在着联系。每一事物总是从过去的事物发展而来，又向未来的事物发展而去。科学的发展揭示，地球从它产生到今天，已经经历了太古代、远古代、古生代、中生代、新生代五个地质时期，显然，这五个时期都是前后相继的，充分说明了事物的纵向联系。

事物内部存在联系，事物之间也存在联系，这说明了什么呢？这说明了整个世界也是一个相互联系的统一体。

世界上没有孤立存在着的事物，所有的一切事物都处在纵横联系之中。从自然界的内部到人类社会的内部，从自然界与人类社会之间到客观事物与人的意识之间，都联系成为一个统一的整体。积云成雨，说的是云与雨的联系；水涨船高，说的是水与船的关系，这都充分说明事物的联系是普遍的，整个世界是一个相互联系着的统一整体。

一切事物都处于相互联系之中，孤立的事物是不存在的，但并不是说任意两个事物都有联系。

说到事物联系的客观性，我们举一个例子：一个人跟朋友说他的小轿车不怎么样，但是，他的车牌却很牛，是FC888，谐音就是“发财，发发发”，于是自己也就“发”了。现在很多人都把8当做发，我们说，事实如这位先生所说，那么买彩票就容易了。只用填8就可以了，大家发嘛。可见，把8当做“发”完全是无稽之谈。人们不能根据自己的意愿随意建立起联系。

事物的联系是客观的，是不以人的主观意志为转移的，人不能凭空“创造”一种联系强加给客观的事物，也不能任意“消灭”事物之间所固有的联系。这是否意味着人们对事物的联系是无法改变的？不是。

事物的联系是客观的，并不等于说人们无法改变事物的联系。人们可以根据事物固有联系改变事物状态，建立新的具体联系。比如：人与计算机。最初，计算机仅用于计算、打字等简单的用途，而现在随着科技的发展，电脑还有了网上购物、看病、交朋友等用途。

事物的联系是客观的，另一方面又说，人们可以改变事物的联系状态，建立新的具体联系。这两种说法是不是矛盾的呢？

二者是不矛盾的。因为，第一，所谓人们可以改变事物联系的状态，只是改变了事物联系的具体形式，并不是从根本上取消了事物自身所固有的联系。例如北京和九龙之间是有联系的，起码他们都是中国的一部分吧，我们修建京九铁路只是使两地之间的联系变得紧密，这也是一种具体的新的联系，但是我们并不能改变他们原来固有的联系，比如，我们不能因为不修京九铁路就否定他们是中国的一部分吧。第二，当人们试图建立新的具体联系时，只有根据事物固有的联系内容，才能办得到，否则，任何建立新的具体联系的尝试，都会失败。例如，人们发射的地球通信卫星，不仅与地球之间形成了新的具体联系，而且还成为人们之间一种新的具体联系中介。但是，要把它发射成功，就必须严格按照客观事物固有的力的联系进行计算，必须遵守牛顿第二定律。如果忽视了事物固有的联系，出现不允许的误差，卫星不可能成功发射，这种新的具体联系是不可能建立起来的。

世界上一切事物都处于普遍联系之中，其中没有任何一个事物孤立地存在，整个世界就是一个普遍联系的统一整体。事物的联系是客观的，人们要认识和把握事物的真实联系，就必须具体地分析事物之间的联系，感悟和体会事物之间的联系。只有感悟、体会到了这种真实的联系，悟性水平就会随之提高。所以说，悟性的测评重要的一点是认识事物间联系能力的测定，其测定方法就是看我们是否把握了事物的真实联系。

重在反应能力的测定

反应能力是指人对事物的认知、判断、观察及人的思维、理解的快慢和速度。反应能力是一种综合能力的体现。它是测定悟性水平的一个非常重要的指标。

同样一件事、一个问题，不同的人反应得快慢就完全不同。有这样一则小故事：据说在清朝乾隆年间，有一县官，酷爱画画，但是水平实在是令人不敢恭维。一日，他画了一只虎，于是找衙役来“欣赏”，衙役们都知道他的水平，所以不敢发表评论，他就问：“你们怕什么？”衙役说：“我们怕老爷你啊。”“那老爷又怕什么呢？”他又问。衙役答到：“怕皇上。”“那皇上怕什么呢？”“怕天，皇上是天子嘛。”“那天怕什么呢？”“天怕云，云能遮天。”“那云又怕什么呢？”“云怕风。”“风怕什么呢？”“风怕墙。”“墙怕什么呢？”“墙怕老鼠。”“老鼠怕什么呢？”老爷有点不耐烦地问。“老鼠怕老爷画的这个东西。”众衙役答道。

这虽然是一则笑话，但却揭示了一个现象，就是老爷、皇上、天、云、风、墙有着一种关系，这种关系互相制约，因而最后的结论也就不言自明了。

能够较迅速而准确的回答这个问题，说明这个人的感悟力很强，只有具备敏锐的洞察力和较强的理解力才可能迅速准确的回答这个问题。

反应能力强，也说明一个人思维敏捷，判断正确。比如，在名著《西游记》中，我们经常看到这样的情节：每当唐僧师徒四人到一个荒山野岭、环境异常阴森的地方，孙悟空首先就能反映出来，这很可能是妖怪出没的地方，结果是往往被他猜中，而猪八戒的反应力就不及孙悟空，即悟性不及孙悟空高，因此也经常地受到妖怪的突袭而丢掉师傅。思维敏捷、判断正确恰恰是悟性水平的重要表现。

三　悟性的测试方法

既然悟性关乎一个人的前途发展，那么每个人一定都想知道自己的悟性如何，是高，是低。其实，悟性的高低是可以测定的，并且有许多测试方法。

题外觅解法

题外题，意即打破思维方式，不走寻常路。不可否认，思维定势在人类社会进步中，扮演了极其重要的角色。它使思考者在思考同类或相似问题的时候，能省去许多摸索和试探的步骤，少走不少弯路，节省很多时间。然而“一定之规”，有时却使人们在遇到一些问题时，百思不得其解。这就需要人们突破思维方式，到题外去寻找答案，而到题外去寻找答案的过程，就要有悟性，题外题法是检测“悟性”有无的试金石。

为满足市场需要，日本一家公司的科技人员开始设计一种新的小型自动聚焦相机。

所谓自动聚焦，就是相机要根据拍摄的对象，自动测量距离，然后镜头作相应的调整，自动定好焦距。设计这种相机有几个必须达到的基本要求：小巧轻便，容易操作，而且要成本低廉。

按照当时的技术水平和条件，在相机里装进电动机以后，体积就小不了，重量就轻不了，成本也很难降下来。如果要为它再去特别设计一种专用的超小型电动机，时间又很难保证。设计人员为此大伤脑筋，想了很多办法都行不通，设计工作长时间裹足不前。后来一个不是学电机专业的技术人员想到：自动聚焦需要的动力很小，而且距离很短，不用电动机，用弹簧行不行呢？这个突破了“必须用电动机驱动”这“一定之规”的新设想提出以后，设计人员们沿着新的思路不断进行探索和试验，没过多久，就相继设计制成了一种又一种小型和超小型的自动聚焦相机。这种给人们带来了很大方便的“傻瓜相机”被科技界给予了很高的评价，认为它代表了产品开发的一个新的重要方向——傻瓜化，即“功能简单化”“易操作化”，同时也是“高智能化”“高科技化”。

看来，打破“一定之规”却才有利于创新思考。

无论是思考如何解决碰到的新问题，还是对已熟悉的问题寻求新的解决方案，一般都需要在多途径地探索、尝试的基础上，先提出多种新的设想，最后再筛选出最佳方案。而基于反复思考一类问题所形成的“一定之规”，对这样的创新思考则常常会起一种妨碍和束缚的作用。它会使人陷在旧的思维模式的无形框框中，难以进行新的探索和尝试，因而也就难以产生新的设想。

一个长期习惯于按“一定之规”考虑问题，很少进行创新思考的人，久而久之，往往会把很多本来大不相同的问题，也因为它们之间的某些相似之处，而看成是同一类问题，用相同的办法去解决。这样，自然就会白费精力。

有一位心理学家说过：“只会使用锤子的人，总是把一切问题都看成是钉子。”就好像卓别林主演的《摩登时代》里的那个可笑的工人那样，由于成天从早到晚拧螺丝帽，一切圆的东西，包括衣服上的纽扣和圆形图案，在他眼里都成了螺丝帽，他都会用扳手去拧。

人形成思维定势是人类心理活动的普遍现象。创新是人类社会进步的客观要求。而要摆脱和突破一种思维定势的束缚，常常需要付出极大的努力。无论是在创新思考的开始，还是在其他某个环节上，当我们的创新思考活动遇到了障碍，陷入了某种困境，难以再继续想下去的时候，往往都有必要认真检查一下：我们的头脑中是否有了某种思维定势在起束缚作用？我们是否被某种思维定势捆住了手脚？不要忘了“题外题法”是悟性突现的时刻，是解决问题的有效途径。

举一反三法

举一反三，词典作“从一件事情类推而知道许多事情”解。一个人要学得快，就要懂得举一反三，以提高效率；一个人要发明创造；寻求创意，也要善于举一反三，让绝妙的构思如泉喷涌。事实上，举一反三就是一种联想能力的实践和运用，这种思考模式像细胞分裂似的由此及彼，不断创造出一个又一个新鲜的东西。

验证一个人是否有悟性，重要的一点是看他是否有举一反三的能力。

孔子说过：“举一隅不以三隅反，则不复也。”意思是教人认识四方的东西，举出一个角为例，让他类推另外三个角，如果不能类推，就不要再教他。由此产生“举一反三”这个成语，它具有从一个道理类推而知道许多道理的意思。

其实一个人的认识无时不是在“举一反三”的过程中。

数学是举一反三的最好应用，一个简单的公式，比如平方差公式，有些人相当熟悉，但是到实际运用时往往很吃力，因为实际运用中不会简单地让你套公式，a平方减去b平方的形式大多情况下被其他更复杂的项替代，所以，公式相当于一个工具，一个模式，在实际运用中要加强自己的能力，只要碰到同一类型的结构，马上就能联系到简单的模式。

一个家长让孩子拼一幅弄乱的世界地图，小孩很快就拼好了，家长目瞪口呆，问孩子如何能在这么短的时间拼好，孩子说，很简单啊，拼图的背后是一个人，我知道一个人长得是什么样的，所以把人拼好，那地图也就随之拼好了，我想一个人是正确的。那么他的世界也应该是正确的，这个例子给了家长很大的提示，在今后的日子中，当这位家长遇到很多复杂的问题时，总会想起这件事，而这件事总会提醒他从其他角度，换个方式去考虑问题，不论是正面，侧面，还是背面，或多或少都会给人以启发。

举一反三的思维是很容易培养的，在处理事情的过程中注意观察，勤于思考，还有很重要的一点是在事情过后认真总结，总结是举一反三的基础所在，一个善于总结的人才会使自己的经验不断增加，从而不断进步

结论猜想法

结论猜想，无论是在猜想结论的过程中，还是在对这个猜想的结论验证的过程中，都因为有悟性的参与，才达到了解决问题

的目的。

“猜想——验证——结论”是我们获得数学知识的重要方法。数学上的很多定律、性质、法则、公式都可以用这种方法来获得。例如，通过对“39+75+25”与“39+（75+25）”的计算，发现“39+75+25=39+（75+25）”再观察这个等式得到“三个数连加，改变运算顺序，和不变”这个结论。但是，仅凭这一个例子得出的结论只能是一个猜想。既然是猜想，那就得验证。通过进一步地举例验证，发现这个猜想是正确的，于是我们就可以得出：“三个数连加，改变运算顺序，和不变”这个规律，这就是加法结合律。即$a+b+c=a+(b+c)$

从个别特例中形成猜想并举例验证，是一种获取结论的方法。但有时从已有的结论中通过适当的变换、联想，同样可以形成新的猜想，进而形成新的结论。例如把“三个数连加，改变运算顺序，和不变”这一结论作适当变换、联想可以得到以下猜想：

猜想一：$a-b-c=a-(b-c)$

猜想二：三个数连乘，改变运算顺序，积不变

猜想三：$a \div b \div c=a \div (b \div c)$

猜想四：多个数连加，改变运算顺序，和不变

通过举例验证，会发现猜想一和猜想三是错误的，猜想二和猜想四都是正确的，由此我们又得到两个结论：“三个数连乘，改变运算顺序，积不变”“多个数连加，改变运算顺序，和不变”，前者是乘法结合律，后者是加法结合律的拓展。

可见，在猜想——验证——得出结论的过程中没有哪一个环节可以离开悟性的参与。结论猜想法是验证一个人是否有悟性的试金石。

为了让读者朋友进一步掌握这种思维的方法，这里我们还有

一些问题留下来供大家进一步展开思考：

72－28－22（ ）72－（28+22），960÷25÷4（ ）960÷（25×4），先计算，然后在括号里填上>、<或=，再观察这两组算式，你是否又可以形成新的猜想？利用本文所介绍的方法，你能通过进一步的举例验证猜想并得出新的结论吗？这些结论又如何表述呢？

疑点破释法

求知重在培养灵性与悟性。求知的目的是明心见性，而不是知识的堆砌。求知的过程中因为有悟性，才能明心见性。求知的过程中诸多的疑点何以破释，那更要靠悟性，疑点破释法不失为检测悟性的重要法则。

勤于释疑，何尝不也是较为成功的读书方法之一？大凡见世之文章，都是作者对当时社会生活感受的表露。由于作者的处境不同，好些该说的话，一时不好直说，只好斥之“曲笔”。这样的文章，往往给阅读水平低的人留下不少疑难。要破释这些疑点，就必须用心推敲。否则，你将永远进不了作者给你构建的艺术殿堂，也就无从把握文章的主旨章法，老是处于一知半解，甚至适得其反的阅读阶段。

唐代柳宗元的《小石潭记》，是选进中学课本里的名篇。其实也很入画。当读到其中有这样一句：“坐潭上，四面竹树环合，寂寥无人，凄神寒骨，悄怆幽邃，以其境过清，不可久居，乃记之而去”便生疑，按字释义，这句话不难理解，可联系上下文，我们会发觉，作者这个说法，前后矛盾太大，很有斟酌之必要。其一，文中明明说，“同游者吴武陵、龚古、余弟宗玄、隶而从者崔氏二小生，曰恕己，曰奉壹”。这样看来，连作者本人，一共有六人同游，怎么又说“寂寥无人”？一般常识，邀约同游，多在于消除“寂寥”，已有五人做伴，何来“寂寥”？其二，作者在另一篇游记中说，不能因游览胜地环境深幽，就避而不去，要适应它。既然如此，作者在这里为什么又说“以其境过清，不可久居”呢？其三，文中有这样一段描写：“隔篁竹，闻水声，如鸣佩环，心乐之。伐竹取道，下见小潭，水尤清冽，全石以为底，近岸，卷石底以出，为坻为屿，为堪为岩，青树翠蔓，蒙络摇缀，参差披拂，潭中鱼可百许头，皆若空游无所依，日光下澈，影布石上，恬然不动，俶尔远逝，往来翕忽，似与游者相乐。”无疑，这一段话，字里行间都流露出作者游兴很浓，心情无比快乐。但为什么“潭西南而望”以后，这种心情立即改变了呢？正是生疑，画意已没，心便“走神”了。看到此，我们都想非找找其个中答案不可！

如果细心查找一下柳宗元写此文时的心境，是不难找到个中答案的。原来，自王叔文政治集团失败后，柳宗元被牵连一贬再贬，惊魂未定，前途未卜，冤屈难伸。到永州落脚后，想借山水消愁解闷，排遣恐惧，但在小石潭西南，他忽然望到了“斗折蛇行，明灭可见，其岸势犬牙差互，不可知其源”的岸势，使他触景生情，想起了在朝时的险恶的政治斗争，这暗示对他产生移情作用，触动了他的隐痛，情随景生，景随情化，原先欢乐的心情，因而忽变得“凄神寒骨，悄怆幽邃”，佳景反而成为恶境了。作者临时的这种特殊心态，与他的总体心态是相一致的。弄清了这一点，我们心中的疑窦，也就迎刃而解了。

李白的《梦游天姥吟留别》，也是选进中学课本里的名篇。课本中对此诗做了个“自读提示”，说这首诗写的是诗人“对自由的强烈追求”，但细心的读者，经多方考证，认为此诗写于天宝四年（745年），即在李白被唐玄宗赐金放还，赶出长安后的第二年。梦游天姥，实际是作者对一年多的宫廷生活的回忆，是托天姥写他对宫廷生活的见闻感受，是托天姥寓去国离都的心绪。在作者的情感世界里，过去一年多的宫廷生活，无异一场噩梦。因为其时的唐玄宗，已不是一个励精图治的皇帝，他把一切重大政务都交给了权奸李林甫、高力士等人，自己过起了歌舞淫靡的生活。他召李白进宫，赏识的是李白的才华，对李白的政治理想却不屑一顾。因此，在李白看来，除了离开是非丛生的宫廷，别无选择。明白了这一点，我们就可以肯定地说，这首诗所写的梦境，并不是李白追求的理想境界，而是托梦游以抒写诗人的人生体验，是李白真实生活经历的影子，它表现了诗人绝意仕途、告别朝廷、去寻求自由生活的意向和决不向权贵低头的傲岸性格。

读书之方法多，然勤于思考，善于释疑，不失为进入艺术情境的好方法。悟就在思考过程中，悟性就在释疑过程中。

曲径通幽法

一般情况下，处理问题还是要用“直接”的方式处理，它又快捷，又迅速。然而对于很多难于处理的问题，采用转大弯的迂回策略，即曲径通幽，也是转化矛盾，使之得以解决的重要方式。至于“径”怎么“曲”法，能够通“幽”，那就要靠“悟”了，可见曲径通幽法是测评悟性的一个好手段。

许多年前，北京的一个文化馆需要翻修扩建，原文化馆附近的居民需要迁走100户，按当时的商品房售价，每套住房大约用16—18万元，总计需投资2000万元。

北京市政府批了1400万元，距2000万元还相差600万元。600万对于文化馆这个清水衙门来说，是个天文数字。怎么解决呢？

后来有人给他们出了一个高招：避开北京昂贵的房价，到郊区去为100个拆迁户购100套房子，同时，再买100辆天津“大发”车，分送给居民户，解决他们的交通问题。

当时郊区的一套住房售价为3万多元，一辆“大发”车要4万5千元，二者加起来不超过8万元，这样，100户居民只用800万元就可安置好了。

市政府拨的1400万元不仅满足了拆迁需要，还节余下600万元，大难题就这样轻松地解决了。

间接地处理问题，说通俗一些，就比如一个小伙比较腼腆，不敢向心仪已久的姑娘倾诉情怀，而是通过朋友或其他人代为转达爱意。也就是面临非常复杂非常棘手的问题时，不急于采取措施或不直接、正面地去解决，而是考虑以较小的代价，较高的效率去解决与其相关的问题，从而达到解决原有问题的目的。

间接地处理问题的方法，适用的范围非常广泛，灵活机智地掌握并运用好它，将为我们开创一番美好的新天地。无疑，这需要“悟性”。

拨云见日法

无论是生活工作，还是求知，我们都可能遇到许多的疑问，如何才能破解谜团，让人心里顿时明白呢？当然靠悟性，悟懂、悟清、悟明，才可冲破黑暗见光明。拨云见日法也是衡量悟性有无、多少的天平。

三国时代，是斗智斗谋的时代；三国的历史，是韬略家左右命运的历史。

韬略家们服务于各大集团，他们与所在集团最高统帅者的关系，是谋与决的关系。三国时期各大集团的发展走向，在很大程度上取决于这种关系。

谋决理论在三国时期发展的侧重点是实用性、创造性、灵活性、久远性和渗透性。

谋与决的价值，早被人们所认识，《尉缭子·兵教下》记载："伤气败军，曲谋败国。"军队中士气低落、沮丧，必然失败；而谋略错误，就会危及国家。《左传》曾总结过决断的重要，"当断不断，反受其乱"。在斗争激烈的战乱年代，谋与决的正确与否，直接影响到个人、集团、国家的生死存亡、成败祸福，因而人们对谋与决的重视程度，也就可想而知了。

三国时代，谋决理论十分重视自身的实用价值，有着强烈的现实感、迫切感和使命感，而较少虚幻色彩。三国时代，政治、军事、外交斗争的实践表明，重视谋决与忽视谋决，谋决水平的高与低，谋决结合的好与差等因素是成败的关键。何进、董卓、吕布、袁绍、袁术、公孙瓒、刘表、刘璋、刘禅、孙皓等，均为无谋而败，误决而亡。相反，曹操、刘备、孙权等则因有谋而胜，善决而存。谋决理论中的实用性原则促使运用者去建立庞大的智囊团，韬略家们正是在这个组织机构中发挥其才干。

实施谋决的最大难点即在于创造性，因此，三国时代的韬略家们在这一问题上狠下工夫，并做出了突破。首先，注重设法网罗智囊。曹魏的智囊团人员多达八十余人，水平之高，人才之众，阵容之强，作用之大，在争霸的集团中首屈一指，成就也最大。

第二，积极发挥智囊的作用。蜀汉诸葛亮采用集思广益之法，发展霸业，其中诸如以攻为守、心攻为上等战略，均通过集思广益的途径创发。三国时期各大集团均注意到“智不备于人，谋必参诸群士”的戒律和“谋之欲众，断之欲独”，“无稽之言勿听，弗询之谋勿庸”的古训，走上胜利与成功之途。

第三，运用逆向思维。孙策、孙权和刘备等人跳出中原激战的漩涡，向西南、东南发展，以图成功。曹操在群雄割据，视朝廷、皇帝如弃履的情况下，尊王攘夷，挟天子以令诸侯，在政治上取得成功，并在军事上也进展顺利。刘备凡事与曹操对着干：曹以狭，刘以宽；曹以急，刘以缓；曹以残，刘以仁，由此树立自己的良好形象，吸引更多的支持者。逆向思维的运用范围极广，成果也极为突出，对谋决理论效益的体现也很大。第四，谋决主体的紧密团结，使得谋决的创造性原则达到最佳状态。董卓与吕布谋丁原，王允与吕布谋董卓，曹操、荀彧、荀攸、郭嘉等谋袁绍，刘备与诸葛亮、庞统谋荆州、益州，孙权与吕蒙谋关羽，孙权与陆逊谋刘备……正是这种亲如鱼水的融洽性，使得谋决的创造性得以爆发出强大的能量，做出惊人的奇谋妙决。

谋与决能否保持灵活性，是三国韬略家积极思考并付诸实践的重要问题；客观情况瞬息万变，能否在复杂多变的形势下保持正确的状态，是个十分棘手的问题。三国韬略家对谋决理论中的灵活性原则，予以高度的重视，他们探索的结论表明，灵活性实为谋决的生命线。曹操对袁谭的联合，孙权对曹魏的称臣，诸葛亮对东吴的立场等重大政治、外交、军事事件，充分表明了三国韬略家们对灵活性原则的认识高度。“谋先事则昌”，事先谋划，就会成功，这表明谋划与决断相对于现实中发生的事、计划、要去实施的事存在着时间上的超前性。

这种超前性若从谋决角度而言，则存在久远性。俗语说，深谋远虑，当机立断。一旦浅谋，则临时无策；人无远虑，则有近忧。谋与决的久远性，是任何一个韬略家所必须要面对的重要问题，这在实际上，是具体的谋与决的指导方针。曹操听取一批智囊之论，放眼社会历史发展大势，制定了一系列的政治、军事、经济、外交策略，谋深虑远，坚定不移，从而击败强手，统一北方。刘备听从诸葛亮隆中对策，百折不挠，终于在西南部中国称霸，成为鼎立之足。诸葛亮南中政策的制定，孙权联刘计划的敲定，吕蒙袭夺关羽荆州的思想，曹魏统治集团对北方少数民族的策略……无一不是谋决久远性原则的体现。

三国时代的韬略之士对于谋决久远性原则的理论贡献在于：精通历史大势，洞察社会现实，掌握多种思想工具，把握问题的实质，他们对于物理、哲理、事理、情理的深入了解，对于体制、传统、形势、环境的准确把握，保证了谋划的深远性，一旦决策者采纳这些方案，就会显示巨大的威力。三国时代那些高水平的韬略家中，都具备高瞻远瞩的素质，原因即在于此。正是这种谋决理论中的久远性原则在三国时代得到高度重视，从而使既定的割据形势能长期地维持下去，直到这一原则在决策者手中废弃。

渗透性原则是谋决理论付诸实践、走向成功的关键。所谓渗透性，是指谋决主体、谋决双方的高度协调。正是由于这种渗透性，才使谋划和决策得到不断的修正、调整，从而发挥其最大的效能。渗透性原则使谋与决能适应形势，做出最快的反应；使谋决双方能承担最大的压力，发挥内在力量的极限。曹操集团中智囊云集，这与曹操奉行的政策在某种意义上同智囊的理想、目标存在着一致性与密切的关系，而这种关系决定了智囊为曹操霸业献计献策，不遗余力。刘备与张飞、关羽、诸葛亮、庞统、法正等韬略家的关系，也充分表明谋决双方存在着高度的渗透性。

这种渗透性的状况再进一步发展，即转化为融合性、一致性，从而保证了决策的正确性。否则，诸如沮授、田丰等一流水平的韬略家，在袁绍阵营中却一筹莫展，因为谋决双方的渗透性程度极差，甚至到了阻断不通的地步。谋决过程中渗透性原则被践踏，也就根本无法指望决策的正确与行动的顺利。

先谋后事者逸，先事后谋者失。然谋而不决，多谋少决，优柔寡断，好谋无决，则枉费心力，徒劳无功。三国韬略家们恰到好处地把握了谋决的分寸，改变了自己的命运，也改变了历史的发展方向。

没有悟性，怎能拨云见日论谋决！

四　悟性的自我测试

测试题一

本题主要考察你的思维能力和想象能力，若能较完美地处理好，说明你的悟性水平优。

（1）有两个私企的老板在一起聊天。甲谈到，在他的公司里，招了当初还可以，现在颇感头疼的三个青工，小张、小王和小李，三个人都不肯安下心来好好钻研技术，心里老是记挂着一些不需要他们去操心的事。

乙听了颇感兴趣，表示很想听他再谈得具体一些。

甲老板接着说："小张不管对谁加工的产品都爱评头品足，挑人家的毛病，常常与人发生争吵，影响团结。小王一天到晚老担心车间会发生事故，一下说这里缺个什么，一下又说那里该换个什么。小李则和小张、小王不同，他不关心车间里的事，一有时间他就上街溜达，专去注意厂里的产品在市场上有些什么反应，哪样好销，哪样卖不出去。这三个不安心本职工作、不务正业的人，我都不想要了，我打算辞掉他们。"

乙老板当即拍板说："你把他们三个都给我吧。"

这三个在乙老板的工厂里，调换工作后都干得很出色。

问：乙老板是如何处理的？

（2）在圣路易斯举办的世界博览会上，一个叫欧内期特·汉威的小贩获准在会内摆一个小摊，出售一种叫查拉比饼的很薄的奶蛋饼。在他的旁边，另一个小贩也摆了一个小摊，则是用小盘子出售冰淇淋。

二人是好朋友，在生意上互相支持、照顾。有一天，他俩的生意都特别好。没卖多久时间，卖冰淇淋的小摊就把小盘子用完了。这时小摊的前面还有很多顾客站在那里排队等候。这是多么好的赚钱机会呀！眼看就要因为没有小盘子而失去这样的好机会，这可把卖冰淇淋的小贩急坏了，看着朋友着急的样子，汉威在一旁也是一边挠头，一边抓肋，跟着着急。可当他看到厚厚的一摞酥软溢香的奶蛋饼时，顿时想出了一个妙招。

问，他想出的招是怎样的，从此一种什么食品风靡了全世界？

（3）我国古代著名的工匠鲁班，有一次为一位高官设计和建造一座华丽的厅堂。当他带领工匠人员做最关键的工序，立柱子、盖屋顶的时候，鲁班忽然发现自己犯了一个错误：把做柱子用的一些名贵的香樟木锯短了。这可不是一桩小事。一则香樟木价格昂贵，不是轻易赔得起的；再则已接近限定的完工日期，如再去外地重新购买香樟木，必将因延误工期而受罚，甚至还会吃官司。鲁班为此事日夜焦虑不安。

这一天，鲁班正在屋里踱步苦思冥想的时候，忽然看到妻子云氏从外面进来，当云氏从自己身边过去的一刹那间，鲁班感觉到云氏一向矮自己许多，可今天怎么感觉她高了许多呢？于是，他仔细端详了一下云氏，发现原来云氏脚上穿了一双木板拖鞋，并且头上还插了玉簪和琼花。他俩站在一起，云氏显得比鲁班还要高。

这么一比，鲁班恍然大悟。

问：鲁班最后又采购香樟木了吗？他是如何交工的？

（4）北京有个大钟寺，大钟寺里有一座大钟，大钟重8万7千斤，号称钟王。这是明朝皇帝朱棣为了防止民众造反，派军师姚广孝收集老百姓的各种兵器后铸就的。不知是什么原因，这口大钟沉到了西直门外万寿寺前面的长河（就是动物园和北京展览馆后面的那条河）的河底。

一百多年后，有一天，一个打鱼的老汉发现了河底埋的这口大钟。当是已是清朝，清朝皇帝得知此事后，下令将这口钟打捞上来，并挪动到觉生寺（即现在的大钟寺），然后再修建一个大楼来悬挂这口大钟。

从河里把大钟打捞上岸已非易事，可要把这8万7千斤重的大钟，挪动到五六里以外的觉生寺去，以当时的运输能力来看，无异于是要搬一座山。

钟是夏天打捞出来的，到了秋天还没有人想出什么主意。有一天，参与此事的一个工头和几个工匠在工棚里喝闷酒。工棚内只有一块长长的石条当桌子用，大伙就围坐在石桌旁。这时天正下雨，从棚顶上漏下来的雨水滴了不少在石桌上。坐在石桌这一头的一个工匠，让坐在另一头的一个工匠再给他倒一盅酒。酒倒好后，在传递时没留神把酒盅给弄翻了，引得大伙连声抱怨："太可惜了！""太可惜了！"

这时，一个工匠很不耐烦地说："何必用手传呢！石桌子上有水，是滑的，轻轻一推不就推过去了。"坐在旁边的一个平时很少说话的工匠沉思了片刻，然后将石桌子一拍，大叫起来："有啦！有啦！挪动大钟有办法啦！"

问：从有水的石桌上传递酒杯让人悟到了什么移动方法，大钟搬移成功了吗？用的是什么方法呢？

（5）西班牙富商纳卡恰安的5岁女儿梅洛迪，在一次上学途中，被3名匪徒绑架。几小时后，匪徒向梅洛迪家里打来电话说，如要梅洛迪安全返家，必须交出赎金1千万美元。纳卡迪安虽是富商，却一时怎么也凑不齐1千万美元。在为女儿安全而十分焦急的心情之下，也是苦想解脱之计。当他看到做歌星的妻子新录制的一张唱片的封套。封套上印着他妻子的彩色照片。从照片上他妻子的眼珠中，可以看得出反映在其中的为他妻子拍照的那位摄影师的头像。纳卡恰安这时头脑中突然闪过一个念头：可以利用这个现象作为追查匪徒的一个线索，于是他在再次接到匪徒的电话时，便向他们提出，必须立即给寄来一张他女儿的大幅照片来，以证明她仍然活着。

匪徒们照办了，而警方通过这张照片很快就抓到了嫌疑犯，解救了他的女儿。

问：纳卡恰安与警方感悟到了什么而破的案？

（6）现在的知名品牌王致和臭豆腐，畅销国内外，但当初的臭豆腐可不是有意制作出来的。当年家住安徽的青年王致和进京应试，结果名落孙山。他决定留在京城，一边继续攻读，一边为了谋生而学做豆腐生意。有一次，他做的豆腐没卖完，剩下了很多。他将剩下的豆腐切成小块，用陶瓷大缸腌了起来。

因为又是学习，又是做工的，以致忘了此事。过了很久，王致和才想起此事，这时打开大缸便能闻到一股臭味。捂坏了这么一大缸豆腐，这要损失多少钱呀！为此，王致和心痛不已，迟迟不愿接受这一倒霉的事实，老舍不得扔掉。过了一阵，他用筷子夹起一块豆腐尝了一下，令他大感惊奇：闻起来臭，可吃起来却醇香可口。

问：从此事中，王致和感悟到了什么？

（7）一个炎热夏天的中午，烈日当头，集市上却仍然十分热闹。有个盲人凭听觉走到一处卖陶罐的地摊前询问价钱。商贩告诉他说："白陶罐5元一个，黑陶罐8元一个。"盲人买了一个黑陶罐，但又担心商贩实际上给他的是白陶罐。他想了一会儿，接着又问商贩："你卖的这两种陶罐还各剩多少？"商贩回答："白陶罐还有3个，黑陶罐还有两个。"盲人摸了一会儿地上的5个陶罐，然后又摸了摸自己买下的那一个，顿时便明白上了商贩的当。他高声斥责商贩，引来许多的围观者也纷纷指责卖陶罐的商贩，结果商贩不得不低头认错，退回了多要的钱。

问：这位盲人是如何发现自己受了商贩的欺诈的？

对以上的情况，如能做出以下反映，则证明你的悟性是不错的。

①重新安排小张去负责产品检验；小王去管企业安全；小李则去负责产品的销售。让他们根据各自的专长而各得其所。

②趁着奶蛋饼热、有弹性时，将其卷成卷，做成一个锥形容器，并将冰淇淋装入其中，这样冰淇淋与奶蛋卷都可以吃掉。这就是风靡世界的"蛋卷冰淇淋"。

③联想到香樟木也可借助某些物体提升高度，并由此创建了一种立柱加柱石与柱头的房屋支撑方法，使立柱的作用不但增强又增加了美感。

④联想到通过减少物体间的摩擦，就可轻而易举的滑动物体的原理，在大钟的运输路段上，等冬季来临时，冻上一条水槽，

建成一条冰道，大钟不就可以轻松地被推走了嘛！

⑤联想到为被绑架者拍照也会在被绑架者的眼中映出绑匪的影像的现象，并以此线索提供给警方，结果妙破绑架案。

⑥联想到特意制作一些这样的食品，并试着推销。

⑦由白色反光，黑色吸光的原理，联想到白陶罐在阳光的照射下是凉的，而黑陶罐由于吸光本身是热的，这样通过手的触摸来分辩黑白陶罐。

测试题二

爱因斯坦曾出了一道智力游戏题，说世界上只有2%的人能够答对，看你是不是那2%？

（1）在一条街上，有5座房子，喷了5种颜色。

（2）每个房里住着不同国籍的人。

（3）每个人喝不同的饮料，抽不同品牌的香烟，养不同的宠物。

问题是：谁养鱼？

提示：

①英国人住红色房子；

②瑞典人养狗；

③丹麦人喝茶；

④绿色房子在白色房子左面；

⑤绿色房子主人喝咖啡；

⑥抽PallMall香烟的人养鸟；

⑦黄色房子主人抽Dunhill香烟；

⑧住在中间房子的人喝牛奶；

⑨挪威人住第一间房；

⑩抽Blends香烟的人住在养猫的人隔壁；

养马的人住抽Dunhill香烟的人隔壁；

抽BlueMaster的人喝啤酒；

德国人抽Prince香烟；

挪威人住蓝色房子隔壁；

抽Blends香烟的人有一个喝水的邻居；

爱因斯坦在20世纪初出的这个谜语，他说世界上有98%的人猜不出来。

答案是什么呢?

有三个！！！

颜色：黄、蓝、红、绿、白；

国籍：挪威、丹麦、英国、德国、瑞典；

饮料：水、茶、牛奶、咖啡；

香烟：dun、ble、pall、pri、blu；

宠物：猫、马、鸟、鱼、狗；

结果1：德国人养鱼。

颜色：绿、蓝、黄、红、白；

国籍：挪威、德国、瑞典、英国、丹麦；

饮料：咖啡、水、牛奶、啤酒、茶；

香烟：ble、pri、dun、blu、pall；

宠物：鱼、猫、狗、马、鸟；

结果2：挪威人养鱼。

颜色：绿、蓝、白、红、黄；

国籍：挪威、德国、瑞典、英国、丹麦；

饮料：咖啡、水、牛奶、啤酒、茶；

香烟：pall、pri、ble、blu、dun；

宠物：鸟、猫、狗、马、鱼；

结果3：丹麦人养鱼。

测试题三

在希德尼亚岛的海岸边，是一个较为平坦的岩石岛，名叫不莱顿岛，这个岛上只有青草和苔藓。面积大约有2公顷。

岛上只有一座建筑物：75米高的石头灯塔。

上岛的游客想要到灯塔一游，于是沿着某一条路出行。简而言之，他来到一条四岔路口，不知道该走哪条路。但是，正如此前旅行社告诉他的一样，他将会发现四个岛上的原著居民，每个人站在一条路旁。游客可以向这四个人打听到灯塔的方向。

但糟糕的是，这些人并非始终都讲真话。一个人始终讲真话。另一个人始终说谎。

第三个人总是真实回答第一个问题，但是此后回答问题的真假则随四个人中回答前一个问题的真假而定，如果前一问题的回答为真则其回答也为真，否则为假。

第四个人回答第一个问题时始终说谎，但是正如第三个人一样，他回答后续问题的真实与否随游客第一个问题的答案真假而定。

找到去灯塔的路最少需要问多少个问题？

答案：要找到灯塔，您无需问任何问题。

我们给出有关不莱顿岛居民诚实与否的所有信息都只是烟雾弹。

有关不莱顿岛的其他信息才是问题的关键所在。

首先，该岛的面积为2公顷或20000平方米。

由于该岛近似于圆形，因此我们可以使用圆的面积公式来确定其近似的直径：

直径是半径的两倍，或者说应该小于160米。

因此，从岛的一端到另一端的距离应该小于160米。由于没有树木抑或灌木丛，并且除了灯塔之外没有其他建筑物，那么从岛上的任何地方都将可以看到灯塔。您因此无需打问方向。

测试题四

6个经典的智力测试题，看看你能做出几个？（附答案）

（1）有两根不均匀分布的香，香烧完的时间是一个小时，你能用什么方法来确定一段15分钟的时间？

（2）一个经理有3个女儿，3个女儿的年龄加起来等于13，3个女儿的年龄乘起来等于经理自己的年龄，有一个下属已知道经理的年龄，但仍不能确定经理3个女儿的年龄，这时经理说只有一个女儿的头发是黑的，然后这个下属就知道了经理3个女儿的年龄。请问3个女儿的年龄分别是多少？为什么？

（3）有3个人去住旅馆，住3间房，每1间房10元，于是他们一共付给老板30元，第二天，老板觉得3间房只需要25元就够了，于是叫小弟退回5元给3位客人，谁知小弟贪心，只退回每人1元，自己偷偷拿了2元，这样一来便等于那3位客人每人各花了9元，于是3个人一共花了27元，再加上小弟独吞了的2元，总共是29元。可是当初他们3个人一共付出30元那么还有1元呢？

（4）有两位盲人，他们都各自买了两双黑袜和两双白袜，八双袜子的布质、大小完全相同，而每双袜子都有一张商标纸连着。两位盲人不小心将八对袜子混在一起。

他们每人怎样才能取回黑袜和白袜各双对呢?

（5）你有4个装药丸的罐子，每个药丸都有一定的重量，被污染的药丸是没被污染的重量+1，只称量一次，如何判断哪个罐子的药被污染了?

（6）你有一桶果冻，其中有黄色、绿色、红色3种，闭上眼睛，抓取两个同种颜色的果冻。抓取多少个就可以确定你肯定有两个同一颜色的果冻?

答案:

①一根点燃一头， 同时另一根点燃两头， 当两头燃的燃尽后，同时将点燃一头的那根的另一头点燃。剩下的香燃完的时间就是15分钟。

②9，2，2。

③客人付的27元=老板得的25元+小弟贪的2元。客人第一次付的30元=老板得的25元+退回客人的3元+小弟贪的2元。没有少任何钱。

④把每对袜子都分成两只，每人拿其中的一只。

⑤从第一个药罐中取出一个药丸，从第二个药罐里取出两个药丸， 第三个取出三个， 第四个取出四个， 一起放在电子秤上称。如果与标准重量比（题目已经说，每个药丸都有一定重量，一定重量是已知的了），重1，就是一号罐被污染；重2，就是2号罐；重3，就是三号罐；重4，就是4号罐了。

⑥难道不是4个么?如果是4个，又太简单了。

测试题五

阿基米德因其伟大的成就而名扬四海，也引来了不少倾慕者。

其中有两名女子一直对他纠缠不休，阿基米德烦透了，便对她们说："你们两个分别用数字或者公式来表示你们对我的爱的程度，我从中选择一个真诚的。"于是X小姐说："我的爱是Y的百倍。"Y小姐说："我的爱是X的1千倍。"哪知道阿基米德听了之后说："你们俩谁也没有真心爱我。"说着演算给两位女士看，X与Y不禁目瞪口呆。你知道这是怎么回事吗？X=100YY=1000X，解得X=Y=0，难道是这么算的吗？

测试题六

（1）麦克因工作繁忙，临时决定请尼克来协助他工作。规定以一年为期限，一年的报酬为600美元与一台电视机。

可是尼克做了7个月后，因急事必须离开麦克，并要求麦克付给他应得的钱和电视机。由于电视机不能拆散付给他，结果尼克得到了150美元和一台电视机。

现在请你想一想：这台电视机值多少钱？

（2）有4个小孩看见一块石头正沿着山坡滚下来，便议论开了。

"我看这块石头有17公斤重，"第一个孩子说。

"我说它有26公斤，"第二个孩子不同意地说。

"我看它重21公斤"，第三个孩子说。

"你们都说得不对，我看它的正确重量是20公斤，"第四个孩子争着说。

他们4人争得面红耳赤，谁也不服谁。最后他们把石头拿去称了一下，结果谁也没猜准。其中一个人所猜的重量与石头的正确重量相差2公斤，另外两个人所猜的重量与石头的正确重量之差相同。当然，这里所指的差，不考虑正负号，取绝对值。请问这块石头究竟有多重？

（3）现在有三种不同重量的标准砝码1克、3克、9克。请问可以称出多少不同物品的重量？在进行称量时，要称的东西与已知的标准砝码可以任意地放在天平的两盘之一。另外，每种砝码都只有一只，而且不准复制。

（4）在一架飞机上，中间是一条过道，两边是座位，每一排为三人。两位空姐A和B每人负责一边，对每位旅客分配旅行物品。

开始的时候，A给右边的旅客发放了6份，此时，B过来对她说，左边应该由A负责。于是A重新到左边开始发放，B接着给右边剩下的旅客发放物品，之后，又帮A发了15份，最后两人同时结束工作。

请问：A和B谁发的多？多发了多少份？

答案：

（1）电视机+150=0.7(电视机+600)

解得电视机=900。

（2）石头23公斤，猜一下20和21的两种情况就行了。

（3）13种。1–13克。

（4）A比一行少9个，B比一行多9个，所以B比A多18个。

测试题七

A组：

（1）兄弟俩轮流数数，兄每次数单数，第一次数1，接着数

3、5、7、9、11、13、15。弟每次数双数，第一次数2，接着数4、6、8、10、12、14、16。请快点回答，兄数的8个数的和比弟数的8个数的和少几？

（2）相邻两个双数分别与某数相乘，所得的两个积相差100。问某数是多少？

（3）在1至100这一百个数中，两个数相除商是2的有（ ）对，其中被除数和除数都最小的一对是（ ）和（ ），被除数和除数都最大的是（ ）和（ ）？

（4）1根绳子对折，再对折，然后从中间剪断，共剪成多少段？

（5）妈妈对小琴说："我给你9角钱，你到邮局去买邮票，只要3分、4分、8分这三种，每种张数一样多。"问小琴最多能买同多少张邮票？

（6）从8、9、16、19、23和27这六个数中选出5个数，使其中3个数的和是另外两个数的和的2倍。应该怎么选？

（7）某数乘以4的积比它乘以40的积少900，这个数是多少？

（8）甲数与乙数的和比甲数与丙数的和大3，丙数与乙数相差多少？

B组：

（9）把100分成12个数的和，使每个数中都有数字"3"。怎么分？

（10）口袋中有9个球，每个球上标有一个数字，分别是1、2、3、4、5、6、7、8、9。A、B、C、D4个人每人从口袋中取出两个球，A取的两球数字和是10，B取的两球数字之差是1，C取的两球数字之积是24，D取的两球之商是3。请问，口袋中剩下的一个球标是一个什么数字？

（11） 马戏团里有22只常见的森林动物，22只动物共有40只脚，2只脚的动物是4只脚动物的2倍。 问两只脚的动物有几只？（注：还有没有脚的蛇）

（12）哥5个各有一些糖块，大的比小的多。老大把自己的分给大家一些，谁有多少块再分给谁多少块；然后老二把现有的块数分给大家一些，谁现在有多少再分给多少，老三、老四、老五也照此方法办； 最后5个人每人都有32块糖。 请问原来各有多少块糖？

C组：

（13）小刘对人说："昨天，我跟两位象棋高手下棋。我面前摆着两副棋盘，我一个人走两盘棋，同时跟这两位高手比赛。你们猜，谁胜谁负？""准是你两盘都输了。"人们知道小刘刚学下象棋，连马步怎么走都记不住。"不对。头一回，两盘都是和棋。第二回，我输一盘，赢一盘。无论再下多少回，我也不会同时输两盘棋。""你吹牛。"

两位象棋高手出来证明：小刘没有吹牛，我们也没有让棋。是他采取巧妙的办法来和我们下棋的。小刘用的是什么巧妙办法。

（14）我准备2元钱去买东西，只要不超过2元，不论买的东西是多少钱，都能拿出正合适的数目，不需要售货员找钱。

可是我不希望带很多零钱，要求只带最少的硬币和纸币。那么，硬币最少带几个？纸币最少带几张？

（15）$1\times2\times3\cdots48\times49\times50$=？1到50的五十个数相乘， 乘积是一个非常大的数。用笔算很困难，用电子计算机算，很快就算出这是一个65位的数。这个65位的数，尾部有好多个零。现在请你巧算一下，到底有几个零？（注：不是10个零）

答案：

A组：（1）8；（2）50；（3）50对，2和1，100和50；（4）5段；（5）90÷（3+4+8）=6，6×3=18张；（6）（8+19+23）÷（9+16）=2（倍）；（7）900÷（40–4）=25；（8）乙数比丙数大3。

B组：（9）100=30+30+13+3+3+3+3+3+3+3+3+3；（10）7；（11）由题目可知，2只脚动物与4只脚动物的脚的只数相同，40÷2=20（只脚），202=19（只）；（12）用还原法分析，80、41、21、11、6块。

C组：（13）为了方便说明，不妨给两位棋手取两个名字：一位是高明，一位是毕胜。小刘和高明下的那盘棋，让高明先走；另一盘棋让毕胜后走。然后，小刘看看高明怎么走，就照搬过来对毕胜，再看毕胜走哪一步，又搬回来对高明。这样，表面上是小刘同时下两盘棋，实际上是高明和毕胜对下。高明和毕胜不可能同时赢，小刘就不会两盘都输。（14）硬币：1分1个，2分2个，5分1个共4个；　纸币：1角2张，2角1张，5角1张，1元1张共5张。（15）在1到50这五十个数中，末尾有0的数有10、20、30、40、50五个，相乘的积末尾有6个零；末尾有5的数有5、15、25、35、45五个，与末尾没有0的偶数相乘，积的末尾有6个零，因此，这个65位的数尾部有12个零。